- 哈尔滨商业大学博士科研支持计划（编号：22BQ10）
- 2022年哈尔滨商业大学教师"创新"项目支持计划项目（编号：21TJE356）
- 黑龙江省"双一流"建设学科应用经济学学科建设经费支持

人力资本对中国经济增长质量的影响研究

符建华　著

中国商务出版社

·北京·

图书在版编目（CIP）数据

人力资本对中国经济增长质量的影响研究 / 符建华
著 .—北京：中国商务出版社，2023.7
ISBN 978-7-5103-4626-2

Ⅰ.①人… Ⅱ.①符… Ⅲ.①人力资本—影响—中国
经济—经济增长质量—研究 Ⅳ.①F124

中国版本图书馆CIP数据核字(2022)第252330号

人力资本对中国经济增长质量的影响研究
RENLI ZIBEN DUI ZHONGGUO JINGJI ZENGZHANG ZHILIANG DE YINGXIANG YANJIU

符建华　著

出　　　版：	中国商务出版社		
地　　　址：	北京市东城区安外东后巷28号	邮　编：	100710
责任部门：	教育事业部（010-64243016）		
责任编辑：	刘姝辰		
总 发 行：	中国商务出版社发行部（010-64208388　64515150）		
网购零售：	中国商务出版社考培部（010-64286917）		
网　　　址：	http://www.cctpress.com		
网　　　店：	http://shop595663922.taobao.com		
邮　　　箱：	349183847@qq.com		
排　　　版：	德州华朔广告有限公司		
印　　　刷：	北京明达祥瑞文化传媒有限责任公司		
开　　　本：	710毫米 × 1000毫米　1/16		
印　　　张：	12.5	字　数：	174千字
版　　　次：	2023年2月第1版	印　次：	2023年2月第1次印刷
书　　　号：	ISBN 978-7-5103-4626-2		
定　　　价：	68.00元		

凡所购本版图书有印装质量问题，请与本社印制部联系（电话：010-64248236）

版权所有　盗版必究（盗版侵权举报可发邮件到邮箱：1025941260@qq.com 或致电：010-64515151）

前 言

改革开放以来，中国经济保持长期高速增长，已晋升为世界第二大经济体。但近年来中国经济增速明显下滑，同时还面临资源浪费、生态环境恶化、经济结构失衡、收入分配差距过大等问题，如何提高经济增长质量成为当下亟须解决的重要问题。人力资本是经济增长质量提高的关键要素，在科教兴国战略下我国的人力资本水平获得显著提高，为经济增长质量提高提供了必要的支撑。因此，为了实现中国经济增长质量提升的目标，需要系统分析人力资本对中国经济增长质量的影响。本书正是基于以上目标，从经济学角度建立理论分析基础，再通过实证检验挖掘提升中国经济增长质量的现实路径。

党的十九大报告中明确提出，我国经济发展已由高速增长阶段向高质量发展阶段转变，加快由数量型增长方式向质量型增长方式转变依然是中国经济未来发展的目标。已有研究中从多个角度考察了中国经济增长质量的影响因素，但仍然缺乏对人力资本如何影响经济增长质量全面系统的评估。为了实现这一目标，本书采用理论分析与实证检验相结合的方式，在对人力资本作用经济增长质量理论机制分析的基础上提出研究假设，然后利用统计数据构建模型进行实证检验。计量分析及部分图表主要采用的是stata软件，经济增长质量的相关计算主要采用R语言程序，具体计算程序在附录中给出。本书共有八章内容，第一章为绪论，主要介绍了研究背景、研究目的及意义、国内外研究现状、研究思路和方法、创新点。其他章节可以分为三个部分，第一部分由第二章和第三章组成，主要包括概念界定与理论基础，人力资本对经济增长质量的影响机制分析。第二部分由第四章至第七章组成，为本书的实证检验部分，主要包括中国人力资本与经济增长质量的测算及特征分析、人力资本对中国经济增长质量影响的实证分析、人力资本对中国经济增长质量的空间溢出效应分析、人力资本对经济增长质量影响机制的检验。第八章为研究结论与展望，在总结全文的基础上，获得了提升中国经济增长质量的相关政策启示，同时对未来的研究提出展望。

  在准备本书的过程中，我要感谢老师、同事和好友所提出的宝贵建议，使得书稿不断完善。还要对中国商务出版社刘姝辰老师及其同事在本书出版过程中所给予的耐心帮助表示感谢。

符建华

2023 年 3 月

目 录

第一章 绪 论 … 1
第一节 研究背景 … 3
第二节 研究目的及意义 … 5
第三节 国内外研究现状 … 6
第四节 研究思路与方法 … 19
第五节 创新点 … 22

第二章 概念界定与基础理论 … 25
第一节 相关概念界定 … 27
第二节 人力资本的相关理论 … 30
第三节 经济增长质量的相关理论 … 39
第四节 本章小结 … 45

第三章 人力资本对经济增长质量的影响机制分析 … 47
第一节 人力资本对经济增长质量的影响机理 … 49
第二节 市场化对人力资本与经济增长质量关系的影响分析 … 57
第三节 人力资本对经济增长质量影响路径解构与研究假设的提出 … 58
第四节 本章小结 … 61

第四章 中国人力资本与经济增长质量的测算及特征分析 … 63
第一节 中国人力资本的测算及特征 … 65
第二节 中国经济增长质量测算及特征 … 73

第三节　本章小结 87

第五章　人力资本对中国经济增长质量影响的实证分析 89
　　第一节　计量模型及方法 91
　　第二节　变量的设定与统计描述 92
　　第三节　实证结果分析 97
　　第四节　本章小结 117

第六章　人力资本对中国经济增长质量的空间溢出效应分析 119
　　第一节　经济增长质量的空间相关性检验 121
　　第二节　计量模型与数据 126
　　第三节　实证结果分析 129
　　第四节　本章小结 148

第七章　人力资本对经济增长质量影响机制的检验 149
　　第一节　人力资本对经济增长质量影响的中介效应检验 151
　　第二节　人力资本对经济增长质量影响的调节效应检验 160
　　第三节　本章小结 165

第八章　研究结论与展望 167
　　第一节　主要结论 169
　　第二节　政策启示 171
　　第三节　研究展望 174

附录 176

参考文献 180

第一章

绪 论

第一章

引言

第一节　研究背景

　　改革开放以来，我国经济保持长期持续的高速增长，以1978年不变价格计算，国内生产总值从1978年的3 678.70亿元增长至2018年的135 273.16亿元，年均增长率高达9.43%[①]，成为仅次于美国的世界第二大经济体。虽然在经济总量上我国实现了历史性跨越，但在反映人民收入水平的人均国内生产总值上，2018年我国在世界上排名仅为72位[②]，经济大而不强的问题较为突出。事实上，我国过去经济能够保持高速增长主要依靠廉价劳动力所带来的劳动力成本优势和大量物质要素的投入，这种总量扩张型的要素驱动和投资驱动的增长方式虽然在短期内能够带动经济的高速增长，但同时也形成了部分产业供给过剩和房地产价格虚高引致的有效需求不足共存的窘迫局面，受资源利用效率较低和生态环境恶化的掣肘，转变过去粗放的经济增长方式，提高经济增长的质量和效益迫在眉睫。我国政府高度重视经济增长质量问题，党的十九大报告中明确提出，我国经济发展已由高速增长阶段向高质量发展阶段转变，标志着我国经济产出在量上已经基本能够满足人们的生活需要，经济增长质量上的提升是未来发展的主要方向。在2017年12月的经济工作会议上，中央又进一步明确了未来经济的发展方向，将实现高质量发展作为未来经济发展的主要目标和未来宏观调控的主要方向。可见，我国经济增长已由过去单纯追求经济总量的提高，向追求经济增长质量的改善上转移。不仅对于中国，事实上对于世界上任何一个经济体来说，发展经济的根本目标都是提升人民的福祉，而经济增长质量是人民福祉的关键要素。根据国家资源禀赋和经济发展现状探寻经济增长质量的提升路径，对我国乃至世界其他国家都是经济增长过程中所面临的重要问题。

[①] 国内生产总值数据来源于《中国统计年鉴》。
[②] 该排名来源于《世界经济展望数据库》。

现有经济增长理论认为人力资本是经济增长的关键要素，而对经济增长质量的追求是基本生活需要得到满足后人类的必然选择，人力资本与经济增长质量的匹配程度决定着经济增长质量的高度。从我国人力资本的现实情况看，在科教兴国的战略下我国的教育条件得到较大的改善，尤其1999年开启的大学扩招使得我国人力资本水平获得较大程度的提高。虽然我国人力资本水平整体上有了很大的提升，但由于农村人口所占比重较大且人口众多，教育资源分布不均衡，我国人力资本水平与发达国家仍然存在较大差距。2018年人类发展指数（HDI）调查结果显示，我国的平均受教育年限为7.9年，在所调研的189个国家中排名114位，不但远低于同期的发达国家德国（14.13年）、美国（13.41年）、英国（12.61年）、法国（11.42年）、日本（12.8年），也低于同期的发展中国家阿根廷（10.56年），仅稍高于发展中国家的平均值7.4年[①]。此外，我国人力资本地区分布不均衡，很多大学生毕业后选择留在长三角、珠三角和京津等经济发达地区，而东北地区则出现人才大量流失，各地政府竞相出台人才引进政策，吸引高技能人才流入，从而提升本地区的人力资本水平。这种不均衡的人力资本分布会对地区经济增长质量产生何种影响，如何配置人力资本才能有效提升经济增长质量成为当前亟须解决的问题。

人力资本与经济增长质量的关系很早就为学术界所关注，但现有研究大多在传统经济增长理论的框架下进行，大多以全要素生产率代替经济增长质量，更多考察的是人力资本对技术进步的影响。目前，中国经济已经由高速增长阶段进入高质量发展阶段，而提高经济增长质量是实现高质量发展的关键，如不能清晰地界定经济增长质量的内涵和外延，也就无法找到经济增长质量提升的路径和方法。经济增长质量该如何界定，目前中国经济增长质量整体状况怎么样，地区之间经济增长质量差异状况如何，人力资本可以通过何种途径影响经济增长质量，政府可以采取什么样的措施提高经济增长质量，对这些问题的回答无论在理论上还是在实践中都具有重要意义。

---

① 人类发展指数中的受教育年限是根据25岁及以上成年人的受教育年限和进入学校的孩子的预期受教育年限估算得出。

第二节 研究目的及意义

一、研究目的

近年来我国经济增长明显乏力,经济增长进入新常态,转换经济增长动力,实现经济高质量增长成为亟须解决的关键问题。本研究的主要目的在于通过理论分析和实证检验相结合的方式,探索经济增长质量的提升路径,从而实现经济的更高质量增长。

(1)本研究建立分析框架以经济增长的条件、过程和结果为切入点对经济增长质量进行界定,构建评价指标体系,运用熵权Topsis方法对经济增长质量进行测度和评价,主要目的是使各地区能够准确掌握经济增长质量现状,为未来的发展提供方向和指引。

(2)通过理论分析探寻人力资本对经济增长质量的影响机制和路径,并构建计量模型对所提出的假设和路径进行现实检验,以期为中国政府探寻经济增长质量提升的具体措施和实现经济高质量增长相关政策的出台提供有益的政策启示。

二、研究意义

本研究的理论意义体现在:

(1)本研究根据经济运行规律,从经济增长的条件、过程和结果出发界定经济增长质量,并构建了经济增长质量评价指标,丰富了经济增长质量的内涵,拓展了相关研究空间。

(2)关于人力资本对经济增长数量影响的研究已较为丰富,但对人力资本如何影响经济增长质量,尤其是对影响机制的研究还不多见。本研究从经济运行的现实出发建立研究框架,界定经济增长质量,分析人力资本对其影响机理和路径,为提升经济增长质量相关政策的制定提供理论依据。

现实意义体现在:

(1)通过构建评价指标体系对经济增长质量进行测度和分析,有利于国家从整体上把握当前中国经济运行中存在的问题及制约因素,从而国家能够根据各地区的实际情况有针对性地制定提升经济增长质量策略,进而实现其高质量增长。

(2)通过理论上的机制分析,能够提炼人力资本对经济增长质量的影响途径,有助于相关政策的出台,保障人力资本能够顺畅作用于经济增长质量,从而更大限度地发挥人力资本的作用,对提高我国经济增长质量具有重要的现实意义。

(3)通过实证检验能够得到人力资本对经济增长质量的具体影响。从地区层面上,有利于各地制定和出台相关的人才引进和培养策略,为经济增长质量的提升储备力量;从国家层面上,可以出台相应的户籍和人才政策,合理布局人力资本,使各地区协调发展,共同提高经济增长的质量和效益。

第三节 国内外研究现状

国内外学者围绕人力资本与经济增长质量展开深入研究,形成较为丰硕的研究成果。本节系统梳理了人力资本与经济增长质量的最新研究动态,并就已有研究中的欠缺之处进行了述评,同时也为本研究提供了依据。

一、关于人力资本的文献综述

舒尔茨是学界公认的人力资本理论的构建者,明确提出人力资本是促进国民经济增长的主要原因。本书研究的是人力资本对经济增长质量的影响,而经济增长数量、全要素生产率、产业结构升级和收入分配是经济增长质量的重要构成要素,所以下面主要综述了人力资本对这四个方面的影响。

(一)人力资本与经济增长的相关研究

20世纪50年代,美国经济平稳增长,按照传统的经济理论经济增长只取决于劳动和资本,但美国的一些经济学家发现,美国工业增长率明显高于投入要素的增长率，是什么原因导致这一现象呢？经济学家猜测一定存在劳动和资本之外的要素影响产出。美国经济学家Schultz（1961）提出的人力资本理论为经济增长理论的研究提供了新思路。Solow（1956）构建了模型探寻平衡经济增长路径，结果发现经济长期均衡增长率与技术进步相关，而技术进步主要来源于劳动者素质的提高。Romer（1986）指出知识是边际生产率提高的重要因素，同时也是经济保持稳定增长的源泉。Lucas（1988）将人力资本引入经济增长模型，将劳动者的时间分为两部分，一部分时间用于原始劳动，另一部分时间用于积累知识，研究发现后者对经济增长的影响更加明显。Uzawa（1965）、Romer（1989，1990）的研究得到类似结论，发现人口众多不足以促进经济增长，人力资本存量决定了增长率。Aghion和Howitt（1998）的研究认为，人力资本对经济增长存在内部效应和外部效应，效应的大小取决于人力资本积累，发现人力资本积累速度不同是经济增长速度不同的主要原因。Mankiw等（1992）将人力资本作为外生变量引入索洛模型，发现对跨国经济增长有较好的解释力。杨建芳等（2006）的研究发现，人力资本无论从存量上还是从增量上都能推动经济总量的提高。王弟海等（2008）将教育和健康合成人力资本，通过模型分析发现人力资本对经济增长有积极影响。

上述研究大多通过理论模型进行分析，也有许多学者通过计量模型对二者的关系进行实证检验。Benhabib和Spiegel（1994）研究发现，对经济增长起显著作用的是人力资本存量，而不是人力资本增量。Krueger和Lindahl（2001）却认为Benhabib和Spiegel的研究中人力资本增量未通过显著性检验是因为数据不准确导致的，经过重新核算数据，发现人力资本增量与经济增长存在显著的线性关系。Mankiw等（1992）利用不同国家数据构建模型分析人力资本对经济增长的影响，结果表明人力资本是经济增长的重要推动力量。我国学者对二者的关系也进行了广泛研究，结论基本一致，即人力资本积累能够促进经济增长。

有些学者以健康作为人力资本的代理指标考察其对经济增长的影响。Barro和Lee（1994）利用健康指标测度人力资本，认为人力资本对经济增长有积极影响。Fogel（1994）也得到类似的结论，认为健康是人力资本的重要因素，能够促进经济增长。余静文和苗艳青（2019）利用中国数据检验健康人力资本与经济增长的关系，结论与国外研究一致，发现二者存在显著线性正相关。也有学者将教育和健康结合起来衡量人力资本，考察其对经济增长的影响，如李德煌和夏恩君（2013）将教育和健康赋予一定的权重来测度人力资本，并分析其对区域经济增长的影响，发现二者存在显著正相关。还有学者综合人力资本的多个影响因素构建评价指标体系测度人力资本，并分析其对经济增长的影响，如张汝根和胡圣训（2020）从五个维度构建分析框架测算人力资本存量，发现其对区域经济增长有显著的推动作用。

综上所述，学术界关于二者的关系，无论从理论上还是从实证上都进行了比较深入的研究。虽然已有研究在人力资本的界定和测度上存在差异，在实证研究中数据和模型选择上也各不相同，但从研究结论上看均表明人力资本是经济增长的主要推动力。

（二）人力资本与全要素生产率的相关研究

人力资本对经济增长的重要性已为学界所共识，而全要素生产率是经济增长的关键要素，所以很多学者研究人力资本对全要素生产率的影响。Nelson 和 Phelps（1966）的研究发现，人力资本主要通过技术扩散途径使技术前沿面向外拓展，而全要素生产率是技术前沿面在广度上的重要因素。人力资本对全要素生产率的重要性学界基本达成共识。Aiyar 和 Feyrer（2002）的研究发现，无论是总量人力资本还是分级人力资本均对全要素生产率有促进作用，相对于低级别人力资本，高级人力资本的贡献更大。随后，Vandenbussche 等（2006）以发达国家为样本通过实证分析得到类似结论，发现高级人力资本是推动全要素生产率提升的关键要素。还有一些国外学者（Barro，1991；Benhabib 和 Spiegel，1994）也支持人力资本能够促进全要素生产率的提高这一观点。国内学者从多个角度采用多种方法对二者的关系进行了较为深入的研究，结果发现整体上人力资本对全要素生产率有积极影响，但影响方式较为复杂，不是传统意义上的线性影响，存在一定的门槛效应和滞后效应。李梦竹（2016）以新经济地理学为视角采用空间计量模型分析人力资本对全要素生产率的影响，验证了人力资本的直接效应和溢出效应。

也有学者认为二者的关系不确定，Miller 和 Upadhyay（2000）的研究发现，高收入国家人力资本对全要素生产率有消极影响，而对低收入国家来说这一影响则与贸易开放程度有关。Krueger 和 Lindahl（2001）的研究发现，在教育水平较低的国家，人力资本和全要素生产率存在正相关，而对于收入水平较高的国家，二者则显著负相关。Söderbom 和 Teal（2003）构建模型发现影响全要素生产率的因素有很多，但人力资本却不在其中。从现有研究来看，关于人力资本与全要素生产率的关系，学界并未达成一致，主要原因可能是分析中样本和模型选择上的差异，所以对二者的关系还有待深入探索。

（三）人力资本与产业结构升级的相关研究

人力资本在促进经济增长的同时也会带来社会的进步和技术创新能力的增强，从而有利于产业结构升级。已有研究发现，人力资本通过提高创新能力、优化资源配置、促进技术吸收、提高生产效率等途径对产业结构升级产生积极影响。还有研究以劳动力转移为视角，认为城市收入水平明显高于农村，以及丰富的教育资源和大量的技能培训平台吸引了大量农村富余劳动力选择到城市就业，从而促进了产业结构升级。

关于人力资本对产业结构升级的直接影响，学者们主要利用国内外相关数据通过计量模型对二者的关系进行实证检验。Ciccone 和 Papaioannou（2009）的研究发现，教育水平提高促进了人力资本积累，从而为产业结构优化升级提供了必要条件。国内学者更是分别从国家层面和地区层面进行了大量研究，形成了较为丰富的研究成果。陈恩等（2017）、傅智能等（2019）均通过VAR模型分别在全中国和湖北省的范围内展开研究，验证了人力资本积累对产业结构升级的积极影响。在此基础上，林春艳等（2017）的研究发现，人力资本不仅对本地区产业结构升级有积极影响，还能通过技术和知识的溢出，带动周边地区产业发展。有些学者发现，人力资本集聚能够通过沟通交流实现知识的溢出效应，有利于技术创新和产业结构升级。尹秀芳（2019）、陈朝阳等（2019）分别以长三角地区和全国作为研究对象，分析人力资本集聚对产业结构升级的影响，结果表明二者之间呈显著正相关。产业结构升级并不是将低级产业部门彻底消灭，而是随着生产效率的提高，低级产业部门所占比重减少，高级产业部门所占比重增大，在此过程中，人力资本在产业之间合理配置是关键。靳卫东（2010）的研究发现，合理配置人力资本是产业结构转化的关键要素，配置效率不高将抑制产业升级，影响劳动者就业。李静和楠玉（2019）则以人力资本错配为先决条件，发现纠正错配有利于自主创新，从而推动产业结构升级。高永惠和陶同（2006）则认为人力资本发挥作用是有条件的，也需要产业结构相适应，需要二者协调发展。唐代盛和冯慧超（2019）构建理论模型对我国各省人力资本与产业结构升级的协调程度进行了分析和计算，发现中西部地区协调程度明显低于东部地区，而且发现协调程度与劳动者的收入水平呈正相关。概括而言，学术界对二者的关系基本达成共识，人力资本积累和配置效率提高不仅能够促进产业结构升级，提升二者的协调程度，还能够促进就业和提高劳动者收入。

（四）人力资本与收入分配的相关研究

人力资本是人们收入的主要影响因素，学者们无论从理论层面还是从实证角度均对二者的关系进行了广泛研究。Mincer（1958）的研究表明，人力资本是人与人之间产生收入差距的主要原因，如果一个人能够在年轻时期多进行人力资本投资，随着时间的推移将会为他（她）带来较高的回报。在此基础上，Mincer（1974）构建模型以城市工人中的男性白人为研究对象，分析收入分配与人力资本投资之间的关系，研究发现教育不平等是人与人之间存在收入差异的原因，但是收入差距与平均教育水平的关系尚不确定。Viaene 和 Zilcha（2001）研究发现，人力资本对收入差距的影响与教育对技术进步的作用有关。Well（2007）将健康因素引入到人力资本测度中，并探讨其与收入分配的关系，发现加入健康因素后模型解释力明显增强。收入差距是一个很宽泛的概念，包括城乡收入差距、地区收入差距、行业收入差距等，国内研究中往往针对某一具体类型进行分析。整体收入差距方面，李黎明和许珂（2017）将人力资本和社会资本放在统一框架下研究二者对收入分配的影响，结果表明人力资本水平提高有利于缩小收入差距；李学军（2017）利用面板数据分析人力资本对收入分配差距的影响，发现影响程度与人力资本类型有关，并且具有差异性。城乡收入差距方面，温涛等（2014）的研究发现，二者的关系与地区经济发展水平有关，只有经济特别发达的地区人力资本积累能够缩小城乡收入差距；范晓莉和崔艺苧（2018）的研究发现，不同类型人力资本对我国城乡收入差距的影响具有明显的差异性。行业收入差距方面，孙敬水和于思源（2014）基于微观调研数据分析行业收入差距的影响因素，结果表明人力资本是行业收入差距的重要原因；邱兆林（2014）发现人力资本对行业收入差距的影响是非线性的，存在跃迁性变化。还有研究考虑人力资本结构对收入差距的影响，如马磊（2016）从人力资本结构出发研究其对收入差距的影响，结果表明降低高中及以下学历从业人员的相对比重，能够缩小城乡收入差距。总体来看，对人力资本能够影响收入差距，学界已基本达成共识，但对影响机制尚未达成一致的研究结论。

二、关于经济增长质量的文献综述

经济增长是一个亘古不变的研究主题，经济学的早期研究一直关注的都是经济总量的增长、经济增长速度的提高。经济总量的提高诚然能够提升人们的生活水平，但也要考虑影响人类福祉的其他方面。前苏联专家卡马耶夫（1983）在书中提到国家在取得经济收益的同时还应该看到发展经济所付出的代价，而我国早在1990年就提出了经济增长质量的概念，并将其等同于效益。将经济增长代价纳入经济分析可以看作经济增长质量问题研究的萌芽，此后学者们对经济增长质量进行了广泛而深入的研究，主要集中于内涵界定、测度、影响因素等方面，本节将对这些问题的研究进展进行综述，为后续研究奠定理论基础。

（一）经济增长质量的内涵

经济增长质量是一个比较抽象的概念，对其内涵的界定是研究这一问题的基础，如果内涵界定不准确，就无法对它进行准确的测度和分析。随着社会的发展和人类的进步，人们的认知能力在不断地提高，其内涵也在不断变化，纵览国内外相关研究，学者们主要从狭义和广义两个方面对其进行界定。

从狭义的角度来看，经济增长质量指的是投入与产出的比例，将其等同于经济效率。杜家远和刘先凡（1991）认为经济效益和社会效益是经济增长质量的重要组成部分。朱启财和罗剑梅（1991）则认为经济增长质量不仅包含生产效率的提高，还应该包含消费品的消费效果。曹佑和张如兵（1994）从马克思主义政治经济学角度出发将效能和素质结合起来提出了综合生产的定义，认为综合要素生产率能够在一定程度上反映经济增长质量。文兼武等（1998）以生产效率作为经济增长质量的代理指标，对世界主要国家的经济增长质量进行对比分析。刘亚建（2002）认为单位经济增长率中投入的资金和物资越少，经济增长质量越高。刘海英等（2004）认为生产效率的提高体现了经济在质量方面的增长，尤其在资本和劳动投入不变的情况下，生产效率的提高更能体现经济增长质量的改善。钞小静和任保平（2008）认为经济增长质量不仅要考虑短期收益，还要看到经济发展的前景和民众福利水平的变化。魏婕和任保平（2009）的研究表明，我国经济增长质量提高的关键在于通过技术进步转变经济增长方式和提高投入产出效率。沈坤荣和曹扬（2017）认为，创新是提高经济增长质量的关键要素，通过技术创新和制度创新能够提升资源配置效率，从而提升经济增长质量。

从广义的角度来看，不同学者因为知识背景和理解角度上存在差异，对经济增长质量内涵的理解也不尽相同。弭元英和张清彩（1997）认为，从内涵上看经济增长质量是对经济运行中投入、运行和产出质量优劣程度的一个综合判断。谢琦（2007）的研究认为，经济增长质量涵盖了经济和环境要素，具体指经济的波动性、集约性、可持续性和生态环境的优劣程度，经济增长质量是基于这些要素对经济运行状态的综合评判。任保平（2012）认为，经济增长质量的涵义包括资源是否能够共享并合理利用，发展经济的同时生态环境是否得到保护，经济生产中能否以较小的投入获得较大的产出，经济增长质量就是对这些方面优劣程度的综合判断。朱方明和贺立龙（2014）的研究认为，经济发展具有阶段性特征，不同阶段下经济发展的重点不同，经济增长质量无法在统一框架下界定，但可以利用经济成果的使用价值和经济活动增加量来综合度量。王薇和任保平（2014）的研究表明，经济增长质量是在不影响经济增长速度的前提下，对人、自然、社会和生态环境协调程度的一个考察。钞小静和薛志欣（2018）从马克思主义政治经济学的角度对经济增长质量进行研究，认为其是对经济发展动力是否强劲，经济结构是否合理，经济生产是否高效的一个综合判断。

从现有研究来看，狭义上是将经济增长质量定义为经济增长效率，一般用全要素生产率或者投入产出效率加以衡量；广义上是将经济增长质量看成一种价值判断，涉及经济增长的较多方面，有着较为丰富的内涵，需要通过构建评价指标体系进行综合评价。

（二）经济增长质量测度

从狭义上来看，经济增长质量测度在现有研究中主要通过两种方法，一种是从经济增长的效益出发，用国民经济总产出中投入产出比来表示。沈利生（2009）从投入产出的角度出发，根据我国每增加一个单位的GDP需要增加的其他资本和劳动的投入量来测度经济增长质量，并分析我国经济增长质量在时间和空间上的状态，发现我国经济增长质量在研究时间范围内整体呈现下降趋势，而空间上与其他国家相比仍存在较大差距。沈坤荣和傅元海（2010）将外资产出从经济增长中剥离出去，用内资企业的生产效率代替内资经济增长质量，借助中国省级面板数据分析外资技术对内资经济增长质量的影响，发现二者呈显著正相关。投入产出比重以及由此引申出来的生产效率虽然能够测度经济增长质量，但是过于片面，逐渐被全要素生产率替代。

全要素生产率常被用来测度一定地区的技术进步情况，该指标不但能够反映生产效率也能够反映经济增长的动力，同时也能够间接反映资源的利用效率和生态环境，所以在衡量经济增长质量时为学界所青睐。魏景赋等（2019）采用DEA方法测度中日两国的全要素生产率，发现两国经济增长数量与质量的走势基本一致，还进一步分析了服务贸易对中日经济增长质量的影响。杨占锋和段小梅（2019）采用索洛余值法测算了成渝地区的全要素生产率，发现产业结构向高级化发展的同时，也带来了经济增长质量的提升，二者在长期上有共同的变化趋势。郭文伟等（2019）基于中国各省经济发展相关数据采用Fare-Primont法度量全要素生产率，研究债务风险和经济增长质量的关系，发现降低财务杠杆，提升资金使用效率有利于中国经济增长质量的提高。孙宇阳等（2019）采用数据包络分析方法测度各省全要素生产率，构建系统广义矩估计模型分析环境规制对经济增长质量的影响，结果发现二者的关系与规制的类型有关。林春（2017）采用DEA-Malmquist指数法测度中国2000—2014年29个省的全要素生产率，借助系统广义矩估计模型验证了财政分权改革是中国经济实现高质量增长的有力工具。黄涛（2016）构建模型通过索洛余值测度1985—2014年新疆地区的全要素生产率，发现投资是新疆地区经济增长质量提升的主要手段。马宇和王竹芹（2014）用全要素增长率衡量中国经济增长质量，研究发现技术进步和人力资本投资对经济增长质量有明显的推动作用。虽然国内学者利用全要素生产率度量经济增长质量并进行了大量经济学相关领域的研究，但一些学者却认为用全要素生产率代替经济增长质量也存在一定的局限性，如郑玉歆（2007）认为用TFP的大小作为判断经济增长质量的标准有诸多局限性，全要素生产率计算主要基于投入产出关系，但有些投入要素对经济的作用存在时间上的滞后性，时点上不统一导致计算结果上的误差，现有研究中大量使用数据包络分析方法，根据现有技术和前沿面的距离作为全要素生产率的衡量标准，更是加大了计算误差，很难真实反映我国的资源配置情况；此外，经济增长质量的范畴不是仅通过经济因素能够反映的，资源、环境、贫富差距都是制约经济增长质量的因素，均无法通过全要素生产利率直接反映。

鉴于以上分析，时代和科学的发展都对经济增长质量的评价提出了更高的要求，近年来的研究更多从广义的角度，通过构建评价指标体系，采用数学和统计学方法对经济增长质量进行价值判断。李岳平（2001）认为可以从经济增长的源泉、稳定性、结构、效益、代价，以及社会效益6个方面构建经济增长质量评价指标体系。梁亚民（2002）从经济增长的方式、过程、结果、潜能4个方面构建经济增长质量评价指标体系。单薇（2003）从经济增长的稳定性、协调性、持续性和潜力4个方面，借助熵权法对我国经济增长质量进行测度和评价。魏婕和任保平（2012）从经济增长的效率、结构、稳定性、福利变化与成果分配以及生态环境代价和国民经济素质6个方面构建综合评价指标体系，并利用主成分分析方法对各省经济增长质量指数进行测度与排序。熊俊顺和朱路光（2016）从经济的结构、效益、潜能、福利4个维度构建评价指标体系，将主成分方法和熵权法相结合，测度浙江省经济增长质量指数。曹麦（2017）从经济稳定、结构优化、创新驱动、资源环境和收入分配5个方面，构建评价指标体系，利用主成分分析方法对中国各省经济增长质量进行测度与评价。张兵和魏玮（2018）从经济增长的稳定性、协调性、共享性、可持续性构建经济增长质量评级指标体系，并测度了经济增长质量指数。李晨晨等（2018）从经济的水平、结构、效率、福利和环境控制方面构建评价体系，采用熵权Topsis法测算出长三角地区30个地级市的经济增长质量。采用广义方法测度经济增长质量，虽然克服了全要素生产率指标单一的弊端，但由于研究者对经济增长质量内涵理解上存在一定的差异，所以指标体系构建呈现出多样化和随意性，研究结果则更是多种多样，甚至针对同样的研究对象，只因为指标体系构建的不同，研究结果差异较大，给后续研究带来很大挑战。笔者认为出现上述问题的主要原因在于对经济增长质量内涵界定上无法形成一致，导致外延上出现更大的差异及指标体系的随意性和多样性。

（三）经济增长质量的影响因素分析

有的学者从经济结构视角进行分析，如钞小静和任保平（2011）基于面板数据分析经济结构变迁与经济增长质量的关系，结果表明二者存在显著正向关系。在此基础上，刘燕妮等（2014）的研究发现，经济结构失衡是经济增长质量的主要制约因素。有的学者从金融视角分析，如马轶群和史安娜（2012）基于VAR模型分析金融发展对经济增长质量的影响，研究发现金融发展与经济增长质量综合维度上存在一定的均衡关系，但在分维度上二者的关系则不稳定。在此基础上，杨珂（2016）研究发现，金融发展对经济增长的影响与某地区的经济发展程度相关，只有当经济发展达到一定程度之后，金融发展才会促进经济发展。有的学者从对外开放视角分析，如李斌和刘苹（2012）通过格兰杰因果关系检验，探寻中国外贸发展方式与经济增长质量的动态关系，结果表明初级产品效益度对其变动最为显著，且两者呈反向变动关系。在此基础上，沈国云（2017）构建动态门槛效应模型以对外开放作为门限变量，分析外商直接投资对经济增长质量的影响，研究发现外商直接投资是实现经济高质量增长的主要制约因素，而对外开放程度则能够缓解这种不利影响。还有的学者从投入角度分析，如黄志基和贺灿飞（2013）构建模型分析制造业创新投入对经济增长质量的影响，结果表明创新投入是经济向更高质量增长的关键要素。马宇等（2015）基于面板数据模型分析科研投入对经济增长质量的影响，发现无论静态还是动态模型科研投入对经济增长质量都有显著促进作用。郝颖等（2014）从微观视角出发研究了企业投资活动对经济增长质量的影响，研究发现二者的关系与经济规模大小有关，在规模较小的地区加强技术上投资力度，提升技术水平，在规模较大的地区加大民营企业投资力度是实现经济高质量增长的有效途径。有的学者从制度和规制角度分析，如李强等（2017）采用动态面板数据模型分析资源禀赋和制度环境对我国经济增长质量的影响，结果显示二者的关系与制度环境有关，制度低效时资源禀赋的投入不利于实现经济更高质量增长。孙英杰等（2018）、何兴邦（2018）以生态环境为视角，分析环境规制对经济增长质量的影响。结果发现，二者之间并不满足传统意义上的线性关系，环境规制并不是越强越好，但在我国当前阶段环境保护仍然较为落后，可以通过增强环境治理力度实现经济的更高质量增长。林春（2017）基于面板数据分析财政分权对我国经济增长质量的影响，研究发现财政分权能够推动实现经济更高质量增长，但影响效果存在地区上的差异，对西部促进效果最大、中部促进效果适中、而东部促进效果最小。还有一些学者从其他角度分析，朱恒金和马轶群（2012）基于时间序列模型分析劳动力转移与经济增长质量演变的动态关系，研究发现，劳动力转移与经济增长质量存在一定的关联性。王瑞荣（2017）基于面板数据分析生产性服务业集聚对区域经济增长质量的影响，发现整体上二者存在很强关联效应，但也存在区域异质性。张季风和邓美薇（2019）基于中国和日本的相关统计数据构建GMM模型，对比分析中日两国经济增长质量问题，结果表明人口老龄化是当前两国实现经济高质量增长所面临的共同问题，中国因为具有后发优势，技术创新对经济增长质量的驱动作用更强，但却无法通过技术创新缓解人口老龄化对经济的冲击。

综上所述，现有研究主要通过经济结构、金融发展、对外贸易、对外开放、创新投入、研发投入、环境规制、劳动力转移、生产性服务业集聚、技术创新等方面分析经济增长质量的影响因素，对人力资本则鲜有提及，从而为本书研究留下了空间。

三、人力资本影响经济增长质量的文献综述

人力资本是经济增长的重要因素，不但能带来经济总量的增长，也能够通过技术进步优化经济结构，提升资源利用效率，避免经济大幅波动，同时人力资本水平提高意味着人的整体素质也在提升，主观上对生态环境有更高的要求，客观上个人素质提高环境保护意识也会增强，有利于生态环境的改善。但关于人力资本与经济增长质量的研究，无论从理论上还是从实证上，都比较匮乏。赵立新和赵慧（2001）在研究人力资本投资与经济增长质量中发现，人力资本从量上看明显不足，从质上看与发达国家相比明显不高，已成为我国经济增长质量提升的重要制约因素。汤向俊和任保平（2009）详细阐述了人力资本对经济增长质量的作用机制，指出人力资本也可以通过提高资源配置效率和技术进步从而推动经济增长质量提高。史自力（2013）基于VAR模型研究区域创新能力与经济增长质量动态关系，发现从长期来看，创新型人力资本是区域经济增长质量的主要驱动力量，二者存在长期均衡稳定关系。钞小静和任保平（2014）基于面板数据分析城乡收入差距对经济增长

质量的影响，结果表明城乡差距过大会制约经济增长质量，而人力资本投资能够推动经济增长质量提高。周路（2015）研究人力资本结构、创新能力与经济增长质量的关系，结果表明人力资本能够促进经济增长质量提高。刘瑞翔和夏琪琪（2018）基于面板数据构建时空双固定模型，以全要素生产率表征经济增长质量，发现人力资本水平提高对本地区经济增长质量提高有积极影响，但因为虹吸效应对邻近地区却产生消极影响。

虽然已有研究从不同视角出发，运用了大量的统计分析工具探讨了人力资本对经济增长质量的影响，但大部分还是从狭义角度进行分析，随着人们对经济增长质量理解的逐渐深入，会有更多的研究从广义经济增长质量角度分析二者的关系。

四、文献述评

本节分别对人力资本理论、经济增长质量理论以及二者的关系相关研究理论成果进行了梳理和简要的分析。结果发现对于人力资本理论国内外研究已比较充分，但对经济增长质量的研究则相对较少。通过梳理已有文献能够帮助研究者在科研过程中少走弯路，并找到研究问题新的突破口，虽然现有研究已比较充分，但仍有一些问题可以深入挖掘。

（1）在经济增长质量测度上，已有研究大多用全要素生产率从狭义角度测度经济增长质量，当然也有一些研究通过构建评价指标体系借助数学和统计学方法对经济增长质量进行测度，但由于对经济增长质量的内涵界定不同，指标体系构建无法形成统一的意见。现有研究大多从横向角度构建评价指标体系，也有学者尝试从经济运行状态过程和纵向维度上分析经济增长质量，为本书的研究提供了较好的借鉴。

（2）现有研究虽然考虑了经济增长质量的多种影响因素，但从人力资本角度出发的研究明显不足。虽有大量研究考察人力资本对全要素生产率的影响并将其过渡到经济增长质量层面，但对人力资本与广义经济增长质量的关系则研究较少。现有研究大多考察人力资本对经济增长质量的整体影响，而对其分维度上的研究则较少，通过考察人力资本对经济增长质量各分维度的具体影响，从统计上可以得到更为精确的结果，经济学上也能够从更深层次理解二者的关系。现有研究虽然大量借助统计学方法分析了人力资本对经济增长质量的影响，推动了实证方法、分析工具的进步，但却很少有文献考察影响的机制和路径问题，为本书研究留下了大量的空间。

因此本书在现有研究基础上，根据经济增长运行规律，构建经济增长质量评价指标体系测度经济增长质量，并分析人力资本对经济增长质量的影响，以期为实现经济高质量增长提供针对性的政策建议。

第四节　研究思路与方法

一、研究思路

本书按照发现问题、分析问题、解决问题的总体思路，按照从理论分析到实证检验的过程，研究了人力资本对经济增长质量的影响。

首先，通过对已有文献的归纳分析发现，大多研究从横向角度将经济增长质量分解为几个维度，然后采用多元统计分析的方法对经济增长质量进行测度，从而能够得到经济增长质量及分维度指数。本书则是将经济增长作为一个系统，从条件、过程和结果3个维度，纵向分析经济增长质量，并选用熵权Topsis方法对其进行测度，不但能够得出经济增长质量的数值还能够准确掌握经济增长质量与最优状态的差距。

其次，现有研究中主要考察了创新、收入差距、环境规制等因素对经济增长质量的影响，但从人力资本角度出发的研究相对较少，本书在现有经济理论框架下，系统分析了人力资本对经济增长质量的影响机制，以人力资本对经济增长质量的间接影响为主要突破口，将市场化纳入机制分析，解构出了人力资本对经济增长质量的主要影响路径并提出了相应的研究假设。

最后，借助面板数据模型和空间杜宾模型系统分析了人力资本对经济增长质量的影响和空间溢出效应，并对前面提出的影响路径和假设进行了检验，从而能够为中国经济增长质量的提升提供针对性的对策和建议。

根据研究思路，本书共分为8章，基本框架如下：

第一章绪论。从当前中国经济增长中所面临的一些突出问题入手，给出本研究的逻辑起点，阐述了研究所要达到的预期目标以及本研究对经济学理论和当前中国的实际意义，梳理了国内外相关文献，提出研究内容、方法和创新之处。

第二章概念界定与基础理论。对本研究所涉及的人力资本和经济增长质量概念进行了界定，然后系统地梳理了与本研究相关的一些基础理论，为后面的研究打下基础。

第三章人力资本对经济增长质量的影响机制分析。运用经济学理论解释了人力资本对经济增长质量的影响机制。从理论上阐释了人力资本对经济增长条件、经济增长过程和经济增长结果的影响机理，进一步分析市场化在人力资本影响经济增长质量中的作用，并解构出人力资本对经济增长质量的影响路径，为后续实证部分建立了理论基础。

第四章中国人力资本与经济增长质量的测算及特征分析。分别对中国人力资本和经济增长质量进行测算和特征分析，从而能够整体上把握人力资本和经济增长质量在空间上的分布状况和时间上的变化趋势。

第五章人力资本对中国经济增长质量影响的实证分析。分别构建混合回归模型、固定效应模型和随机效应模型考察人力资本对经济增长质量的影响，并对影响的时空异质性进行了详尽的分析和讨论。同时，经济增长质量是一个综合变量，包含3个维度，为了深入挖掘人力资本对经济增长质量的影响机制，并为后文的机制分析奠定基础，还分析了人力资本对经济增长质量各分维度的影响。

第六章人力资本对中国经济增长质量影响的空间溢出效应分析。引入空间要素进一步分析了人力资本对经济增长质量的空间溢出效应。通过经济增长质量莫兰指数，对经济增长质量的空间自相关性进行检验，为了保证结果的稳健性，分别在不同假定和不同距离下构建空间杜宾模型实证分析人力资本对经济增长质量的空间溢出效应。同时，人力资本的溢出效应对经济增长质量的不同维度可能存在差异，而经济增长质量的提升主要通过对分维度的提升来实现,因此还分析了人力资本对经济增长质量各分维度的溢出效应。

第七章人力资本对经济增长质量影响机制的检验。以技术创新和收入水平作为中介变量检验了人力资本对经济增长质量的中介效应,验证了市场化对人力资本作用于经济增长质量的调节效应,从而完成了人力资本影响经济增长质量路径的现实检验。

第八章研究结论与展望。根据前面理论分析和实证检验的结果给出研究结论,并提出提升经济增长质量的对策和建议,最后对不足之处和有可能拓展的研究空间做了说明。

研究路线如图1-1所示。

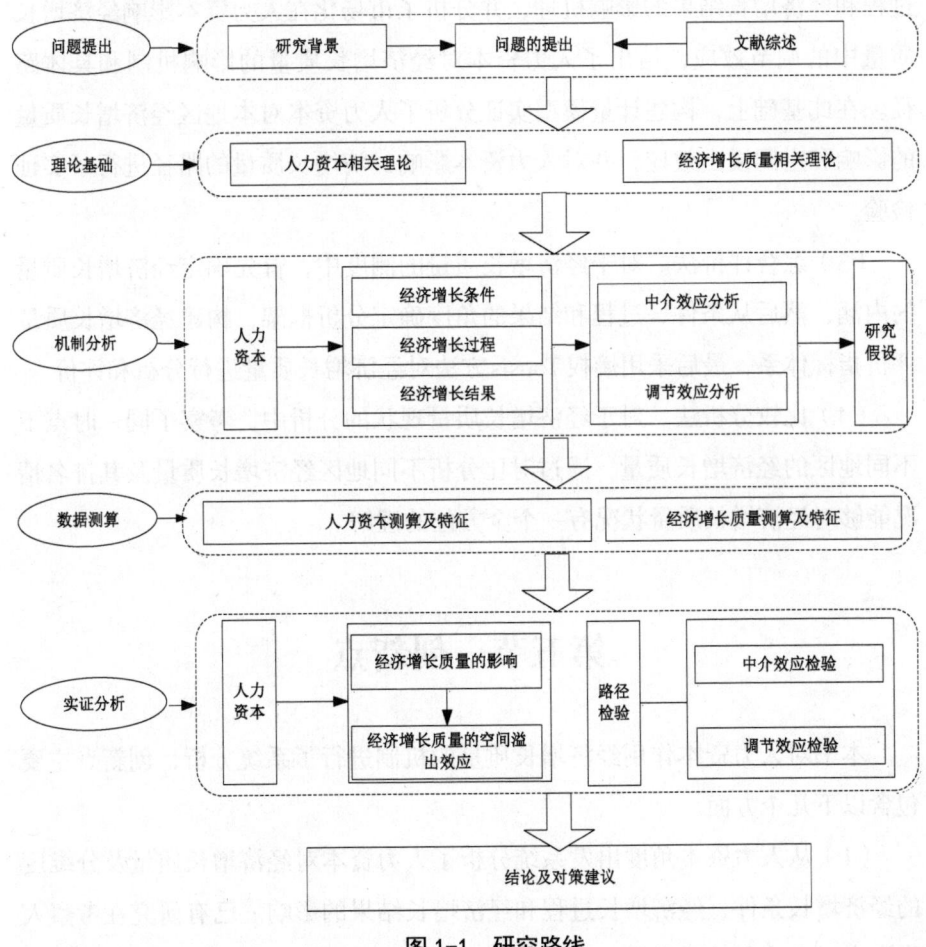

图1-1 研究路线

二、研究方法

本书深入分析人力资本对经济增长质量的影响机制，并借助计量模型对研究假设进行了现实检验，主要采用了以下4种研究方法。

（1）文献分析法。在选题阶段通过广泛阅读国内外文献，确定研究的切入点，在确立研究方向后阅读了大量与人力资本和经济增长质量相关的文献，为本书的理论研究提供必要支撑；在经济增长质量测度过程中，通过文献研究法筛选出本研究所需要的指标，为后面的研究奠定了基础。

（2）实证分析法。从理论上阐述了人力资本对经济增长条件、经济增长过程和经济增长结果的影响机理，并分析了市场化在人力资本影响经济增长质量中的调节效应，给出了人力资本对经济增长质量的影响机制和具体路径。在此基础上，构建计量模型实证分析了人力资本对本地区经济增长质量的影响和空间溢出效应，并对人力资本影响经济增长质量的路径进行了实证检验。

（3）综合评价法。对于经济增长质量的测度中，首先确定经济增长质量的内涵，然后从条件、过程和结果的角度确定分析框架，构建经济增长质量评价指标体系，最后采用熵权Topsis方法对经济增长质量进行分析和评价。

（4）比较分析法。对于经济增长质量现状的分析中，考察了同一时点下不同地区的经济增长质量，通过对比分析不同地区经济增长质量及其排名情况能够对经济增长质量状况有一个全方位的理解。

第五节　创新点

本书对人力资本作用经济增长质量的机制进行了系统分析，创新点主要包含以下几个方面。

（1）从人力资本角度出发系统分析了人力资本对经济增长质量及分维度的经济增长条件、经济增长过程和经济增长结果的影响。已有研究在考察人力资本对经济增长质量影响时，往往以全要素生产率作为经济增长质量的代理变量，本质上考察的是人力资本对全要素生产率的影响。本研究考察的是人力资本对广义经济增长质量的影响，明晰了人力资本对经济增长质量及分维度的经济增长条件、过程和结果的影响，以及影响的时空异质性，从而为实现中国经济的高质量增长提供了新的思路。

（2）从经济增长的条件、过程和结果出发构建经济增长质量分析框架，提出了人力资本对经济增长质量的影响机制，并以此为基础找到了人力资本对经济增长质量的影响路径。从而为国家和政府提升经济增长质量相关政策的出台提供了导向，同时提升了政策运用的可针对性。

（3）构建空间计量模型分析人力资本对经济增长质量及分维度的经济增长条件、经济增长过程和经济增长结果的空间溢出效应。人力资本不同于一般的生产要素，可以在空间上自由地流动，以新经济地理学为支撑，从空间视角分析人力资本对经济增长质量的影响，能够得到相对客观的结论，也更能全面地反映中国经济增长质量的现实。

第二章

概念界定与基础理论

本章在对人力资本和经济增长质量相关概念界定的基础上，阐述了与人力资本和经济增长质量相关的基础理论，为后续章节中的机制分析与经济增长质量指标体系的构建提供了理论依据。

第一节 相关概念界定

一、人力资本概念的界定

人力资本作为经济发展的一个重要因素，在经济增长过程中起着举足轻重的作用，越来越获得人们的重视。随着经济理论的不断发展和完善，人们对人力资本的理解也在不断地深入，但由于人们的认知和研究问题角度的不同，对人力资本概念的界定仍然存在一定的差异。费雪在1906年出版的 The Nature of Capital and Income 一书中将人力资本定义为工人工资按照相应利率的贴现。20世纪60年代，Schulz（1962、1982）深化了人力资本概念，认为人力资本以人为载体，是附着于人身上的一种无形资本，既存在量上的不同，也存在质上的差异，同物质资本一样可以创造收入，劳动者可以通过学习、培训、医疗保健手段提升自己的人力资本水平。Psacharopoulos和Woodhall（1993）认为人力资本是对劳动者知识、技能和健康状况等因素的一种综合判断。Becker（1962、1990）则在schulz的基础上从微观的角度诠释了人力资本，认为人力资本不仅意味着才干、知识和技能，而且还意味着时间、健康和寿命。俞荣建（2005）在已有研究基础上提出了遗传禀赋应该属于人力资本的重要组成部分的观点。付一辉（2007）从财务管理角度对人力资本进行了分析，在已有研究基础上提出了情感意志力属于人力资本构成要素，影响人力资本的价值的见解。李晓曼和曾湘泉（2012）认为能力在人力资本形成中起着至关重要的作用，忽略能力只考虑教育水平会带来对人力资本估计上的偏差，认知能力更多体现人的智力水平，非认知能力主要是情商方面，二者对人力资本的形成同样重要。

通过上述分析可知，人力资本是蕴含在劳动者身上的能够创造价值的知识、技能和体力（健康状况）等因素综合考量，体现的是人能够创造财富的综合素质。人力资本与其他资本的主要区别在于，其是附着于人身上的资本，人力资本的大小由其所能创造的价值来决定，与人的综合素质紧密相关。

二、经济增长质量概念的界定

从现有文献来看，经济增长质量的内涵主要存在两种观点：一种观点是以经济增长效率来定义经济增长质量，也就是狭义的经济增长质量；另一种观点是从广义上定义经济增长质量，认为经济增长质量是一种规范性判断，与人的认知和判断有关，有着比较丰富的内涵。从质量一词的内涵理解，质量既包括事物本身的一些属性和特征，也包括人们的主观体验，所以仅用经济增长效率刻画经济增长质量是不恰当的，对经济增长质量的界定应该用广义的经济增长质量。

在经济增长质量概念的界定中，一定要把握经济增长的内容，传统的经济理论将经济增长定义为产品数量的增加，没有考虑到产出所付出的代价，尤其是自然资源的消耗和生态环境的恶化。一个国家追求经济增长的最终目标是提高人民的生活水平，使民众能够享受到经济增长所带来的成果，提升人民的福祉和幸福感。经济增长包括数量和质量两个方面，数量的增长是质量提高的前提和基础，而质量的提高也会反作用数量的增长。在经济发展初期，尤其在工业化之前，应该以数量型经济增长为主满足人们的基本生活需要，在经济发展到较高阶段后则应把经济增长质量提高放在更为重要的位置。经济增长数量和经济增长质量是硬币的正反面，均属于经济增长范畴，界定经济增长质量就是从纵深方向上考虑经济增长的质量，探究经济增长的性质与规律。此外，经济发展也是经济学中一个重要概念，但到目前为止还没有一个能够普遍被大家接受的定义，因为每一个国家都有自己的发展模式，如我国就提出了创新、协调、绿色、开放、共享"五位一体"的发展理念，从而为未来我国经济发展指明了方向。虽然经济发展的内涵较难界定，但有一点能够达成共识，那就是经济发展的外延要大于经济增长是经济和社会的全面演进。综上所述，经济增长质量是经济增长在纵向上的延伸，而经济发展则是经济增长在横向上的拓展，包含了社会、政治和其他的要素。

  本书仿照对产品质量的评价来建立经济增长质量分析框架，产品质量的好坏主要来自用户的体验，而经济增长的产品是经济增长结果。当人民的生活水平较高，社会整体生产率较高，资源消耗较少，自然生态环境较好，意味着经济增长质量较高。产出优质产品的前提条件是保证原材料的质量要好，高质量的经济增长也需要满足一定的条件，这里主要表现为国家在现有的资源禀赋下创造财富的能力。质量好的产品不仅需要优质的原材料，还需要生产过程中有好的生产设备，在经济增长质量研究中则表现为经济系统中各要素的比例关系，本书将其定义为经济增长过程。基于以上分析，将经济增长质量分解为经济增长的条件、过程和结果，将三者结合起来对经济增长质量优劣状况进行评价。

  经济增长质量本身是一个系统，是从内在性质上来反映经济增长，包括前端的经济增长条件、中端的经济增长过程和终端的经济增长结果。经济增长条件是系统的动力，经济增长过程是系统的核心，经济增长结果是系统运行的最终目标。基于以上分析，下面详细阐述经济增长质量3个维度的具体含义。

  （1）经济增长条件。经济增长条件主要表现在一个国家或地区能够根据自身的资源禀赋，高效和持续创造财富的能力，包括创新能力和协调能力。创新在国家创造财富过程中起着关键作用，创新改变了落后的生产方式和生产资料，提升了全社会生产力水平，从而带来了产品和财富的不断积累。此外，经济系统错综复杂，需要协调各组成部分才能提升创造财富的能力，协调能力主要体现为系统运行提供动力激励。

  （2）经济增长过程。经济增长过程是经济系统内各要素或组成部分之间的比例关系，包括产业结构、金融发展、国际收支、城乡二元结构、投资消费结构。产业结构是经济增长过程的核心，决定着经济增长和资源配置方式，经济增长质量的提高必然经历由要素推动向投资驱动和创新驱动转变。

（3）经济增长结果。经济增长结果表现为福利改善、增长效率、资源利用和环境污染。经济增长的最终目标是提高人民福祉，让更多的人享受到经济增长的成果。经济增长质量提升的前提是产品的丰富，而这离不开经济增长效率的提升。经济增长中很多必要资源都是不可再生的，所以需要提高能源利用效率，保持经济增长的可持续性。经济增长不能牺牲人类赖以生存的自然环境，在发展经济的同时要充分考虑资源和环境的承载力，降低环境污染，只有这样才能从根本上提高经济增长质量。

第二节 人力资本的相关理论

一、人力资本思想的形成与发展

有关人力资本的思想最早可以追溯到17世纪一些古典经济学的文献中，经过几个世纪的发展，经济学家们不断丰富和完善了人力资本思想，现已形成一套较为完整的理论体系，并在经济学的多个领域中获得应用。本节按照人力资本思想的形成脉络，对人力资本思想的演化规律进行梳理，以期为后文的研究打下基础。

（一）早期人力资本体系的形成

1. 柏拉图的人力资本思想

最早的人力资本思想可以追溯到古希腊时期思想家柏拉图在《理想国》的著述中，他在这本书中提到了教育的经济价值，但并未阐述为什么获得更高的教育可以提高人的收入。他最早提出了人在工作后还需要有继续受教育的思想，从而在晚年还能有足够的知识储备，跟上时代的发展，能够更好地为国家和社会服务。柏拉图虽然没有明确地提到人力资本，但从他的论著中可以看到只有不断地接受教育才能在晚年获得更好的生活，先投资并用未来的收入作为先前投资的回报，这一思想已经初具人力资本雏形。

2. 威廉·配第的人力资本思想

威廉·配第是政治经济学的开创者，他提出了劳动价值论的命题，阐述了各种不同要素在价值创造中的作用。他在分析财富的来源时发现土地和劳动同等重要，强调了在财富形成过程中人的作用，他认为不同技能的人创造财富的能力是不同的，一个高技能者的劳动相当于多个低技能者的劳动之和，将人的劳动赋予资本的意义为人力资本的产生和发展提供了理论支撑。

3. 亚当·斯密的人力资本思想

柏拉图关于人力资本的思想更多是从教育的角度，接受更好的教育有利于更好地为国家服务。威廉·配第热衷于对不同技能劳动者劳动创造价值的计算，但没有对人力资本做进一步的研究。亚当·斯密对人力资本思想做了进一步阐述，虽然更多是从其他经济角度出发，但却是丰富和深刻的。亚当·斯密在《国富论》中将工人熟练程度的提高比作节省劳动的机器，工人的学习虽然会产生费用，但这种费用会通过创造更多的利润得以补偿。亚当·斯密认为人力资本积累途径主要来源于分工、学校教育和职业技能培训，人力资本投资需要付出一定的成本，这种成本可以通过更多的工资和更体面的工作获得补偿。亚当·斯密的论述揭示了人力资本的来源和人力资本投资的动力，为人力资本思想的形成与发展提供了思路，从而向现代人力资本理论又迈进了一步。

4. 约翰·穆勒的人力资本思想

约翰·穆勒认为技能与知识都是劳动生产率的重要影响因素，与其他生产资料一样，能力应被视为国民财富的一部分。同时，他认为人在成长过程中需要进行学习和培训，为了提高技能需要付出很多时间和精力，这些劳动理应获得一些报酬，已具备成本法核算人力资本的雏形。他进一步分析人力资本投资对收入的影响，认为接受技能培训可以提高人们的收入，从而为收入法核算人力资本奠定了基础。

5. 萨伊的人力资本思想

萨伊继承了亚当·斯密的人力资本思想，但他认为人的工资应分为两部分，一部分为劳动的一般工资，另一部分为参加技能培训时所付出的资本的利息，强调很多职业都需要不断地学习和培训，为了这些培训劳动者付出了劳动，理应获得的报酬。萨伊通过对劳动收入的区分将人力资本概念又向前推进一步。

6. 马歇尔的人力资本思想

马歇尔关于人力资本的思想主要是围绕劳动者素质展开的，劳动者素质不但包括体力还包含精神力量，这种精神力量与人力资本中的智力因素有一定的关系，提高劳动者素质能够提高其生产效率，从而能够创造更多的价值。马歇尔还强调教育和培训是提升劳动者素质的重要途径，同时家庭环境也不容忽视，贫困的家庭容易产生身体和精神上的问题，但也会激发改变现状的精神力量。现代经济学研究中广为提及的健康人力资本可以溯源到马歇尔的人力资本思想，他的研究丰富了人力资本理论。

（二）现代人力资本体系的形成

现代人力资本理论主要产生于20世纪60年代，第二次世界大战以后饱受战火洗礼的日本和德国经济获得很快的恢复和发展，"亚洲四小龙"在短时间内也实现了经济的腾飞。这些国家和地区的发展并不符合传统的以物质投入带动经济增长的理论，而美国经济的发展也出现了许多用传统经济理论无法解释的现象，如"列昂惕夫之谜"，现代人力资本体系正是在这一背景下，为了更好地解释经济现象而产生的。以著名经济学家西奥多·舒尔茨、加里·贝克尔、雅各布·名塞尔等为代表的一批经济学家开始思考传统经济增长中劳动和资本以外的其他要素，开始关注人力资本对经济增长的作用，以此解释战后经济运行中出现的一些新问题。他们的人力资本理论成为现代经济理论中的重要组成部分。

1. 西奥多·舒尔茨的人力资本思想

西奥多·舒尔茨否定了古典经济学中人力资本同质性的观点，他认为人力资本具有异质性,存在数量上的不同和质量上的差异。教育是人力资本投资的关键要素,此外医疗、保健、在职培训、非正规教育、迁移等也是人力资本的形成要素。西奥多·舒尔茨还发现人力资本对经济增长有重要作用,人力资本和物质资本投资收益率相等时就是二者的最佳投资比例,此时经济生产率最高。西奥多·舒尔茨对人力资本的内涵和投资途径有着比较全面的论述,更多是从宏观角度上的分析,但人力资本的载体是个人,需要从微观角度分析个体的人力资本投资决策。

2.加里·贝克尔的人力资本思想

加里·贝克尔认为人力资本可以通过投资获得,投资的多少和个人努力程度会影响其在未来的生产率和收益。加里·贝克尔将成本和收益分析方法用于微观均衡分析,建立了人力资本投资均衡模型,分析了人在一生中应该如何分配自己工作和学习的时间才能使收益最大化,他的研究推动了新古典经济增长理论的发展,很多学者将人力资本引入到经济增长理论模型中。

3.雅各布·明塞尔的人力资本思想

雅各布·明塞尔将人力资本理论应用到劳动力市场行为与家庭决策中,认为投资决策会影响收入差距,推动了人力资本理论的发展。他在考察在职培训对收入的影响时,提出了"赶超期"的概念,更好地解释了单个人的工资收入差异。雅各布·明塞尔的人力资本理论为收入分配差距问题研究提供了新的研究视角,推动了经济学理论的发展。

二、人力资本内生化模型

(一)含有人力资本的单部门模型

假设厂商投入物质资本K和人力资本H生产产出为Y,生产过程由下面的满足新古典性质的函数$Y=F(K,H)$表示。由生产函数的一阶齐次性,可得到:

$$Y = F(K, H) = Kf(H/K) \qquad (2-1)$$

其中 $f'(.)>0$。

$$Y = F(K, H) = C + I_k + I_H \qquad (2\text{-}2)$$

即总的产出用来消费和投资，投资包含物质资本上的投资和人力资本上的投资。

假设两种资本的积累过程分别为：

$$\dot{K} = I_k - \delta_k \qquad (2\text{-}3)$$

$$\dot{H} = I_H - \delta_H \qquad (2\text{-}4)$$

假设人力资本与物质资本的回报率分别为 R_H 和 R_K，厂商的利润最大化问题就是选择投入多少人力资本和物质资本来极大化它的利润，可转化为如下的数学问题。

$$\max F(K, H) - R_K K - R_H H \qquad (2\text{-}5)$$

得到的最优化条件为：

$$R_K = \frac{\partial Y}{\partial K} = f(H/K) - (H/K)f'(H/K) \qquad (2\text{-}6)$$

$$R_H = \frac{\partial Y}{\partial H} = f'(H/K) \qquad (2\text{-}7)$$

也就是说当物质资本和人力资本的回报率等于各自的边际生产率时，厂商的利润达到最大化。考虑到折旧，它们的净回报率相等分别为 $R_H - \delta_H$ 和 $R_K - \delta_K$。由此得出：

$$f(H/K) - (1 + H/K)f'(H/K) = \delta_k - \delta_H \qquad (2\text{-}8)$$

将 H/K 看作一个整体，上边的方程可以唯一确定人力资本与物质资本比率。因此最优条件下，H/K 为常数，所以最优条件下的生产函数如下：

$$Y = F(K, H) = Kf(H/K) \qquad (2\text{-}9)$$

因 H/K 为常数，$f(H/K)$ 也为固定值，上述函数类似于 AK 生产函数。假设生产函数为柯布-道格拉斯生产函数且 $\delta_H = \delta_K = \delta$，可以得出 $K/H = \dfrac{\alpha}{1-\alpha}$。

（二）含有人力资本的扩展性索洛模型

考虑到模型易于操作且便于定量分析，假定该模型的生产函数为柯布－道格拉斯生产函数。该模型是在连续时间之中确立的，因此t时刻的产出为

$$Y(t) = K(t)^{\alpha}[A(t)H(t)]^{1-\alpha} \quad (2\text{-}10)$$

其中，Y代表产出，K代表资本，A代表劳动的有效性，H包括了自然劳动和人力资本。

产出中s比例被用于储蓄，资本折旧率为δ，根据索洛模型的推导过程可以得出：

$$\dot{K}(t) = sY(t) - \delta K(t) \quad (2\text{-}11)$$

劳动的效率以外生速率g增长：

$$\dot{A}(t) = gA(t) \quad (2\text{-}12)$$

模型假定资源对人力资本配置是外生的，但必须考虑人力资本生产函数。模型假定工人的人力资本存量由受教育年限决定，也就是说人力资本仅由上学时间决定，还假定所有工人有相同的教育年限E，而且E不随时间的变化而变化。因此，可以得到如下的人力资本函数：

$$H(t) = L(t)G(E) \quad (2\text{-}13)$$

其中，L为工人数，G是每个工人的人力资本函数。

假定工人数是以外生不变的速度n增长，由此得到工人人数随时间变化方程：

$$\dot{L}(t) = nL(t) \quad (2\text{-}14)$$

工人受教育年限越高，人力资本越多，但是否工人获得的教育年限越高，人力资本增长速度越快，学界并没有统一结论，所以不考虑人力资本的二阶导数。与索洛模型的平衡增长路径求解类似，定义$k = \dfrac{K}{AG(E)L}$，因$G(E)$不随时间的改变而变化，k的动态方程与索洛模型相同，可以得出：

$$\dot{k}(t) = sf(k(t)) - (n+g+\delta)k(t) \quad (2\text{-}15)$$

当$\dot{k}=0$时，经济的均衡值为k^*，因动态方程与索洛模型相同可以得出：

$$k^* = \left[\dfrac{s}{n+g+\delta}\right]^{\frac{1}{1-\alpha}} \quad (2\text{-}16)$$

一旦k达到k^*，经济达到均衡，每个工人的平均产出以速度g增长，但E的上升会增加均衡增长路径上工人的平均产出。

以上分析假定所有工人寿命、受教育年限相同，实际中个人寿命不同，受教育的年限也不尽相同。为了简化分析，假定所有人寿命相等均为T，其中E年用于接受学校教育，剩余的$T-E$年用于工作。此外，为了简化分析假定每单位时间出生的人数以速度n增长。根据以上假定，t时的总人口等于$t-T$时到t时出生的人数。因此，若用$N(t)$表示t时的人口，$B(t)$表示t时出生的人数，由微分方程理论可以得出：$B(t)=N_0e^{nt}$，其中，N_0表示时刻为0时出生的人口数；$e=2.71828\cdots$，以e为底的对数称为自然对数，为常数；d表示微分，为正体；τ为一个从0到T的变量。

$$N(t)=\int_{\tau=0}^{T}B(t-\tau)\mathrm{d}\tau=\int_{\tau=0}^{T}B(t)e^{-n\tau}\mathrm{d}\tau=\frac{1-e^{-nT}}{n}B(t) \quad (2-17)$$

同理，t时的工人数等于活着的且不再入校的人数。因此，它等于$t-T$时到$t-E$时出生的人数：

$$N(t)=\int_{\tau=0}^{T}B(t-\tau)\mathrm{d}\tau=\int_{\tau=E}^{T}B(t)e^{-n\tau}\mathrm{d}\tau=\frac{e^{-nE}-e^{-nT}}{n}B(t) \quad (2-18)$$

由此可以得出：

$$\frac{L(t)}{N(t)}=\frac{e^{-nE}-e^{-nT}}{1-e^{-nT}} \quad (2-19)$$

人均产出等于每单位有效服务的平均产出y乘以人均有效劳动服务量。而人均有效劳动服务量等于每个工人平均有效劳动服务量$A(t)G(E)$乘以工人所占人口比例。

$$\left(\frac{Y}{N}\right)^*=y^*A(t)G(E)\frac{e^{-nE}-e^{-nT}}{1-e^{-nT}} \quad (2-20)$$

其中，y^*为平衡增长路径上每单位有效劳动服务的产出。因y^*与E无关，E的变动不会改变有效劳动产出，但会改变平衡增长路径上的人均产出。随着E的增大，人力资本会增加，但工人的工作时间减少，因此E的增长在长期内可能增加或减少人均产出。该模型的理论意义在于提高人力资本投资效率，在有限的受教育时间里尽可能多地获取人力资本，就可能抵消劳动时间减少导致的收入的降低。现有的经济理论已经证实，人力资本水平的提高可以促进经济增长，由此可见，人力资本投资所导致的劳动时间减少，完全可以通过人力资本效率的提高来实现。

（三）卢卡斯的人力资本积累模型

模型假设生产函数具有如下形式：

$$y = Ak^{\alpha}(uh)^{1-\alpha} \quad (2-21)$$

其中，μ 和 h 分别表示劳动力用于生产的时间和人力资本。假设 $u \in [0,1]$，而且模型满足线性和齐次性假设。假设人力资本水平为 h 的总的人力资本水平为 $N(h)$，则总的人力资本为 $N = \int_0^\infty N(h)\mathrm{d}h$。设人力资本水平为 h 的工人用 $\mu(h)$ 时间用于生产，将 $1-\mu(h)$ 时间用于人力资本积累，则总的有效劳动 $N^c = \int_0^\infty \mu(h)N(h)h\mathrm{d}h$。若总产出为总资本 K 和有效劳动 N^c 的函数 $F(K, N^c)$，则人力资本水平 h 的收入为 $F_c(K, N^c)h\mu(h)$，随着人力资本的提高，工人的收入不断提高，即人力资本存在内在效应。个体人力资本除对其自身生产率的效应外还存在外部溢出效应，由下式定义：

$$h_a = \frac{\int_0^\infty hN(h)\mathrm{d}h}{\int_0^\infty N(h)\mathrm{d}h} \quad (2-22)$$

若所有工人的人力资本水平为 h，且用于劳动的时间比例都为 u，则有如下均衡关系：

$$N(t)c(t) + \dot{K}(t) = AK(t)^{\beta}[u(t)h(t)N(t)]^{1-\beta}h_a(t)^r \quad (2-23)$$

其中，$h_a(t)^r$ 反映了人力资本的外部效应，技术水平 A 现在假设为不变。人力资本的增长 $\dot{h}(t)$ 与其既有水平及用于积累时间分配有关，即

$$\dot{h}(t) = h(t)^{\varepsilon}G[1-u(t)] \quad (2-24)$$

其中，G 为增函数，$G(0)=0$。若令此式中的 $\varepsilon<1$，则人力资本积累的收益递减，由此很容易看出人力资本无法替代技术项 $A(t)$ 作为增长的一个驱动力。当存在外部效应时，最优增长路径与均衡路径不再一致，因此我们无法通过研究应用于索洛模型的假设规划问题而建立均衡。但是参照罗默的

分析方法，可分别得到最优路径和均衡路径，并对两者加以比较。如果按照效率路径可以得到人力资本的增长率v^*：

$$v^* = \sigma^{-1}\left[\delta - \frac{1-\beta}{1-\beta+\gamma}(\rho-\lambda)\right] \quad (2-25)$$

如果按照均衡增长路径，均衡增长率v为：

$$v = \left[\sigma(1-\beta+\gamma)-\gamma\right]^{-1}\left\{(1-\beta)\left[\delta-(\rho-\lambda)\right]\right\} \quad (2-26)$$

而消费、人均资本和人均产出的增长率$\theta = (\frac{1-\beta+\gamma}{1-\beta})v$。该模型的结果表明，人力资本积累能提升经济的均衡增长率。

（四）含有人力资本的多部门模型

现代经济增长理论很多都以索洛模型为基础，有的把外生变量内生化，形成了大量的内生增长理论模型，有的把单一部门扩展为多个部门。宇泽弘文的模型为传统模型从单一部门发展到多个部门做了奠基性的工作。假定模型只有资本和劳动两种生产要素。该模型与索洛模型的最大差别是假设所有利润都被储蓄，所有的工资都用于消费，最终得到的结论是无论初始位置在哪点，随着时间的推移经济都将进入稳态，稳态下的人均产出由资本丰裕度决定。该模型虽然将一个部门拓展到两个部门，但是并未引入人力资本，为了解决这一问题，诞生了宇泽-卢卡斯两部门模型。该模型假定有两个生产部门，分别为产品生产部门和人力资本生产部门，产品生产部门的产品用于消费和投资，人力资本同时作为两个部门的生产资料。具体生产函数形式为

$$Y = C + K + \delta K = AK^{\alpha}(\mu H)^{1-\alpha} \quad (2-27)$$

$$H + \delta H = B(1-\mu)H \quad (2-28)$$

其中，$0 \leq \mu \leq 1$为两个部门使用人力资本的比例。如果考虑人力资本的流动则人力资本部门的函数变为$H + \delta H = B(1-\mu)H + H_F$，如果存在人口流动则人力资本就会自由流动。假设地区经济发展不均衡，存在落后地区和经济发达地区。人力资本会根据成本收益在地区间流动。根据汉密尔顿方程通过求解和分析发现，经济落后地区和经济发达地区的稳态结果相同或趋于一致。如果人口可以自由流动，人力资本的流入使富裕地区的资本边际收益增

加较快，进而带来工资水平的较大提高，贫富差距扩大会吸引人才流入，物质资本与人力资本比率缩小，促进产出更快地增长，经济增长差距会越来越大。

第三节　经济增长质量的相关理论

经济增长质量是一个综合的概念，不仅包含传统意义上的数量型经济增长，而且涉及教育、环境、经济结构以及人们的健康和社会福利等问题。经济增长质量与经济发展存在密切联系，二者都是对经济运行状况的一种综合评价。经济发展不仅涉及经济学问题，还涉及社会学、人文、历史、制度环境等众多因素，从研究范畴上看，经济发展是经济增长的横向拓展，在外延上明显包含经济增长。经济增长是经济发展的重要组成部分，实现高质量发展的核心是经济的高质量增长。以经济发展为研究对象的发展经济学为经济增长质量问题研究提供了理论上的支撑和借鉴。发展经济学以西方经济学理论和方法为基础研究经济发展问题，对发达国家研究侧重于维持经济发展，对发展中国家则侧重如何加快经济发展，相关研究为经济增长质量研究提供了必要的理论支撑，有必要对发展脉络进行简要的梳理。

一、结构主义经济发展理论

结构主义学派是发展经济学最先兴起的理论学派，始于20世纪中叶，认为经济结构失衡是制约经济发展的关键要素，研究的对象大多为第二次世界大战后饱受战争之苦，经济陷入泥沼的发展中国家，研究的目标是如何优化经济结构，尤其是从工业化角度分析如何实现经济快速发展。研究的内容并没有突破古典经济增长理论的束缚，还是从资本和劳动的角度研究经济发展，也就是如何通过资本积累和劳动力转移，实现经济快速发展。

（一）产业平衡发展之争

罗丹和纳克斯是产业平衡发展的主要代表。罗丹认为，在经济发展过程中产业部门是相互依存的，如果因重点发展某一产业，而导致其他产业发展落后，不利于整体经济发展。而且对于经济发展较为落后的国家，仅依靠单一产业很容易受外来冲击，导致经济大幅波动，同时也会增加外来投资的风险，倡导投资互补型产业对冲风险。纳克斯从投资消费结构出发，提出了经济发展恶性循环理论，认为一个国家一旦处于低收入状态，则很难从漩涡中逃离出来。低收入国家民众生活艰难，储蓄率较低，国家缺少资金投资，资本形成不足，无法为经济发展提供有利条件；低收入意味着内需不足，难以推动企业生产积极性和生产率的提高，这个过程会循环下去。纳克斯提出所有产业应协调发展，均衡投资，逐渐扩大资本积累，最后实现良性循环。

也有一些学者对产业平衡发展持否定观点，赫希曼、佩鲁是产业非平衡发展的主要代表，他们倡导产业部门发展应该有优先级，根据国家的资源禀赋发挥自身优势重点发展某些产业，进而带动其他产业发展的差异发展战略。赫希曼认为对于一个国家能够进行投资的总量是有限的，如果产业发展没有重点，而是都进行投资或蜻蜓点水式的投资会导致各产业因资金不足而影响生产效率，所以倡导集中力量发展相互关联的优势产业的战略。佩鲁则是从地区层面考虑产业之间的关联效应，与现在广为流行的新经济地理学中集聚效应和溢出效应比较类似。佩鲁认为，资本的逐利性会使得经济发达地区在某些产业发展和技术创新方面优于经济落后地区，而产业发展较好的地区在吸引周边地区人口流入的同时，也会通过技术溢出带动周边地区的发展，所以佩鲁认为应该根据地区特点因地制宜地发展重点产业，反对产业平衡发展。

（二）二元经济理论

刘易斯假定经济中存在两个生产部门，一个是生产率较低的农业生产部门，一个是生产率较高的工业生产部门。农业生产部门有大量的富余劳动力，处于供给饱和或可以无限供给状态；工业生产部门因为对劳动力要求较高，长期处于供不应求状态。因城市部门工资水平较高，农村部门劳动力会不断地转移到城里，促进城市部门的发展，而农村部门因为劳动力的无限供给则不会受到影响，当两个部门工资水平相等时，劳动力流动达到均衡，在此过程中两个部门都能获得较好发展。

拉尼斯和费景汉认为刘易斯所构建的模型以工业生产部门的发展为重心，但忽略了农业生产部门的发展，也没有考虑农业生产部门对工业生产部门的贡献。他们在刘易斯模型的基础上，对模型进行了改进，将二元经济的发展分为三个阶段，第一阶段与刘易斯的研究相同，而后两个阶段农业部分生产力充分发展，在满足农业生产部门的同时，还可以支持工业生产部门发展，最终二者可以实现均衡、协调发展。

乔根森的二元经济发展模式不同于刘易斯、拉尼斯和费景汉的研究，他假定经济中只存在两种部门，即现代部门和传统部门：传统部门的产出是劳动的函数，但与资本无关；现代部门的产出是资本和劳动的生产函数。乔根森的研究是从传统部门开始的，他认为人口的增长虽然可以提高传统部门的总产出，但也受边际效应递减的影响，人口的过度增长还是会降低传统部门的人均产出，但技术的进步可以提高传统部门的生产率，从而弥补人口增长对人均产出的影响，当人口增长达到顶峰时，传统部门人均产出开始实现高增长，农业部门开始出现剩余，从而开始向工业部门扩张。

缪尔达尔则从地理上分析二元经济结构，与佩鲁产业研究不同的是，缪尔达尔的二元经济结构不是从产业投资角度分析，而是从整体经济发展状况加以凝练。缪尔达尔认为，在经济发展开始阶段，各地区的经济发展可能比较接近，收入情况差别不大，但因为某些地区可能具有区位优势，物产资源丰富、交通便利、政府管理效率等因素上的差异，会使某些地区优先发展起来，打破了原有的均衡局面。这种均衡一旦被打破，会引起累积性因果循环，区域间的发展差距会被逐渐拉大，而不是像某些理论所阐述的那样，因要素边际效应递减的影响，生产要素会由发达地区向落后地区转移，最后达到均衡。他还以劳动力转移为例对这一理论进行了阐述，经济发展地区因工资收入较高，会吸引大量人才流入，从而需要更多更好的优质资本与之相适应，由于吸引了大量投资，会更加需要高素质的劳动力，由此形成良性循环。而经济发展落后地区则与之相反，因为经济发展落后，所以工资水平较低，无法吸引高素质人才流入，本地的人才也会因不满于现有的工资待遇而向经济发达地区转移，高素质人才流失会带来经济下滑，工资水平将会更低，资本也会大量流出，从而形成恶性循环。缪尔达尔认为，这两方面都会产生累积因果循环，从而导致发达地区和落后地区的差距进一步扩大。

（三）农业的现代化

约翰斯顿和梅勒认为通过技术创新提高农业生产效率，以机械化大生产代替现有的耕种技术对产业结构升级至关重要。库兹涅茨强调了农业对经济发展的重要性，指出农业不但为劳动者生产提供基本的生活资料，还可以为工业生产提供必要的生产资料。西奥多·舒尔茨对刘易斯的二元经济结构理论持有异议，认为农业高素质劳动力向工业部门转移的过程，对农业部门也是一种损失，也会影响农业部门的发展，农业部门不是工业部门的从属，仅为工业部门提供劳动力。20世纪60年代，随着绿色革命的兴起，以梅勒为代表的一些经济学家认为随着新技术的引入，农业的机械化程度和农业产品质量获得大幅提高，推动了经济发展，而以格里芬为代表的理论则认为技术创新确实带来了农业发展，但并不是所有人都能均等享受这一成果，反而带来了农业收入差距的扩大。

结构主义经济发展理论是经济学家们针对某些特定国家提出的一些观点和理论，有些观点比较凌乱，甚至并不太适合当今中国经济发展的实际，笔者只是梳理了研究中能够对本书形成支撑的一些理论。

二、新古典主义经济发展理论

新古典主义经济发展理论认为经济发展不是一直向前的，而是渐进的、持续的、螺旋上升的过程，经济发展存在自我调节机制，一旦偏离正确的运行轨道，价格机制会自我调节，实现资源的优化配置，使经济高效率运转，经济发展长期来看是乐观的，无须政府干预，经济利益会在不同群体间自行分配，并达到帕累托最优。

产业结构方面，西奥多·舒尔茨（1979）因发表《改造传统农业》而获得诺贝尔经济学奖，他强调农业在很多国家发展落后的原因是农民受传统理念和收入较低的束缚，没有经济实力置换落后的生产设备，从而导致生产率低下。为了改变这种农业现状，就要发展并供给一套有利可图的要素，并学会有效地使用这些要素，这种要素就是人力资本投资。舒尔茨的研究表明，农业发展落后是制约经济发展的要素，从根本上来说指向的是产业结构升级问题，而加强人力资本投资，更是促进产业结构优化升级的关键要素。

贸易与国际分工方面，拉尔认为国家采取各种措施，限制国外产品进口，并对本国企业实行补贴的贸易保护政策，会造成本国生产企业竞争力下降，尤其不利于劳动密集型部门，会造成收入分配差距，国民生活成本过高，不利于社会的安全与稳定。瓦伊纳也反对进口替代的观点，认为可以通过技术创新加大产品在国际市场的竞争力，扩大出口，完全可以抵消开放市场对本土企业的冲击。哈伯勒则认为，国家贸易能够发挥比较优势，对进出口国家来说都能够以较小的成本，获得更多的收益，提高国民的福利水平和收入。

新古典经济发展理论还有很多，但有很多与本书研究相关性较少，上述内容主要为经济增长质量测度中指标体系的构建提供了依据，同时也为分析人力资本对经济增长质量的影响机制提供了理论支撑。

三、激进主义经济发展理论

激进主义包含两个学派，一个学派从马克思主义理论出发，认为国家发展落后是由于被剥削或者依附于其他国家造成的，主要借鉴了马克思的剩余价值理论，从阶级论的角度考虑经济发展问题。激进主义不同意新古典理论的观点，认为所设定的条件过于苛刻，不符合国家发展的现实，但沿袭了一些结构发展主义理论成果，更多强调发达国家对发展中国家的剥削是造成地区发展差距的原因，而不是单纯从经济角度分析。另一个学派则认为，是经济发展落后国家对发达国家的依附，导致经济发展上的差距。福塔多认为，经济不发达地区会在消费上向经济发达国家看齐，促使经济不发达地区收入差距的进一步扩大；弗兰克的观点比较激进，认为经济发达国家通过贸易和对外投资的方式剥削经济不发达国家，只有通过革命才能改变这一状态，当然这与他所处的时代以及选择的研究对象有关，不具有普遍意义；卡多索认为经济不发达地区对经济发达地区的依附，本质上还是一种利益关系，是经济不发达地区内部集团为了某种利益才与经济发达地区合作，不是传统意义上的依附。

该理论中的很多观点可能不太适合当前中国经济问题研究。自新中国建立后，我国在世界上的地位显著提升，经济发展是通过与其他国家合作共赢，包括"一带一路"倡议、人类命运共同体，都是希望与其他国家合作共赢，不存在剥削与被剥削的问题，所以对于激进主义经济发展理论，需要根据我国经济增长现状选择性地吸收，对该理论只做简要阐述。

四、新制度主义经济发展理论

科斯是新制度主义经济学的代表人物，科斯定理更是为人所熟知，而且阐释了交易费用与制度安排之间的关系。新制度主义经济发展理论从制度的角度分析经济发展，强调市场在经济发展中的重要性，如约翰逊认为国家应重视市场在资源配置中的主导作用，供给侧有利于外资流入和激发本土企业的投资热情；需求侧有利于调动劳动者工作的积极性，促进经济发展水平的提高。此外，还有一些学者认为经济发展过程中，政府的寻租行为也是制约经济发展的主要因素，如政府的寻租行为会影响资源的配置效率，造成资源的浪费，降低了劳动生产率，而且政府寻租还会带来收入差距的扩大，不利于社会的和谐与稳定。新制度主义经济发展理论认为，经济发展除了那些经济增长模型中常用的资本、劳动、技术等因素，制度环境对经济增长的影响同样重要。新制度主义经济发展理论诞生于20世纪80年代后期，目前理论还不成熟，但随着经济理论研究的不断深入，新制度主义经济发展理论必将更加丰富。

第四节 本章小结

本章首先对人力资本和经济增长质量的概念进行了界定，然后按古典和现代的时期划分，对人力资本思想形成过程进行追溯，并重点介绍了包含人力资本的内生经济增长模型，阐述了人力资本对经济增长质量的重要作用，后面章节分析中人力资本通过提高收入水平进而影响经济增长质量的想法正是来源于此，最后重点介绍了与经济增长质量密切相关的结构主义经济发展理论、新古典主义经济发展理论、激进主义经济发展理论和新制度主义经济发展理论，从而为本书后面章节中人力资本对经济增长质量的机制分析提供必要的理论支撑，也为经济增长质量评价指标体系的构建提供了理论基础和依据。

第三章

人力资本对经济增长质量的影响机制分析

由内生经济增长理论可知人力资本是经济增长质量的主要影响因素，但对人力资本如何影响经济增长质量国内外研究均较少。本章试图从经济增长质量的条件、过程和结果3个维度出发，阐释人力资本对经济增长质量的影响机理，并分析了市场化在其中所起的调节作用，从而解构出人力资本对经济增长质量具体影响路径，并提出研究假设。

第一节 人力资本对经济增长质量的影响机理

经济增长质量是一个抽象的概念，包含较为广泛的内容，如果直接分析人力资本对其的影响，分析很容易陷入碎片化，难以得到深刻的结论，所以本节从经济增长条件、经济增长过程和经济增长结果3个维度分析了人力资本对经济增长质量的影响机理，然后综合各维度结果汇总得出人力资本对经济增长质量的影响机理。

一、人力资本对经济增长条件的影响机理

经济增长条件表现为一个国家综合利用各种资源创造财富的条件和能力，主要表现为能力素质和协调素质。能力素质是经济增长条件的关键要素，决定着经济系统各种功能能否有效实现；协调素质是合理配置资源使经济协调发展的能力，政府部门是协调主要执行者，通过对经济系统提供动力激励和约束，保障经济系统有效运转。

（一）人力资本通过提升创新能力影响经济增长条件

人力资本对经济增长条件的直接影响主要通过提高经济系统的创新能力来实现。经济高质量增长的一个主要标志就是国民经济创新能力的提高，而创新需要高素质的劳动力，也就是通过人力资本的提高来实现（Nelson 和

Phelps，1966；Romer，1990）。从宏观层面上看，创新是国家经济发展的重要动力，而知识是创新的主要影响因素，高素质人才往往经历了较高的学历教育，知识储备丰富，自主创新能力较强。创新能力的提高不仅来源于自主创新，还可以通过模仿国外的先进技术，吸收国外先进经验，尤其对很多发展中国家，先进技术很难在短时间内通过自己的力量研发出来，模仿则成为一种捷径。人力资本积累能够提高模仿能力和对技术的吸收能力，从而有利于知识转化和创新能力的提升（张宽等，2019）。从中观层面上看，技术创新是产业创新的发动机，能够打破原有的产业发展模式，对原有产业进行改造和升级，甚至有可能形成新的产业。但产业创新对人力资本的要求相对较高，人力资本在未达到一定高度前，对产业创新无明显作用，只有高级人力资本才能促进产业创新，并通过知识的溢出效应使产业创新具有区域上的积聚性（张涵、杨晓昕，2019）。此外，人力资本水平提高还可以提高产业创新的投入产出比，从而提升产业创新效率。从微观层面上看，个人的发明创造是技术创新的主要推动力，但当人力资本水平较低时，会制约创新能力的提升，从而对经济增长条件产生不利影响。

（二）人力资本通过提高收入水平影响经济增长条件

人力资本是收入的主要影响因素，受教育年限与城市居民收入呈现明显的正相关，居民人力资本投资能够提升其收入。从宏观角度来看，国家的总收入由两个因素决定，一个是经济增长速度，另一个是经济增长所经历的时间。世界很多发达经济体都经历了从高速增长、中高速增长到低速增长的过程。虽然当前我国经济增长速度并不高，但经过多年的积累绝对收入水平处于较高水平。内生经济增长理论已经证实，经济增长的潜力和速度主要由人力资本决定，而经济保持长期增长的时间与经济系统的内部结构有关，但具有较高人力资本水平的国家无疑增强了经济的内在调节能力，有利于经济的长期增长。由此可见，人力资本积累有利于提高国家总收入。从微观角度来看，人力资本水平的提高，意味着学历的提高、工作经验的积累、技能水平的提高、健康状况的改善，这些因素都会对生产效率产生积极影响，从而提高个人收入。

经济增长条件包含创新能力和协调能力，收入的提高是否会对创新能力产生影响还难以找到有效的证据支持，但收入的提高能够影响协调能力。协调能力主要表现为经济系统运行提供的动力激励，而激励需要以收入水平为依托。国家和地方政府是协调的主要执行者，动力激励所需的资金主要来源于国家财政收入，而当收入水平较低时，税收收入自然较低，国家的协调能力也会较弱，从而对经济增长条件产生不利影响。

综上所述，人力资本可以通过提升经济系统的创新能力对经济增长条件产生直接影响，也可以通过收入水平影响经济系统的协调能力，从而对经济增长条件产生间接影响，如图3-1所示。

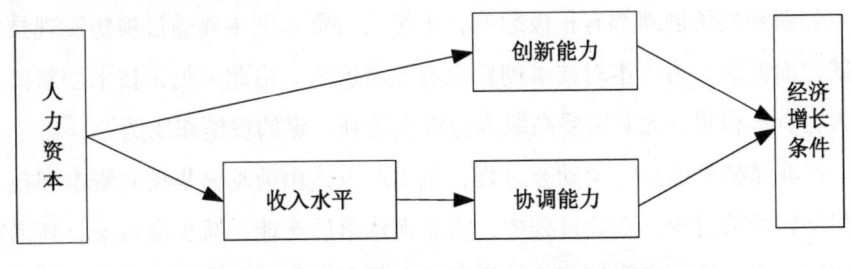

图3-1 人力资本对经济增长条件的影响机理

二、人力资本对经济增长过程的影响机理

经济增长过程表现为经济系统内部各要素之间的联结关系及要素数量之间的比例关系，这里主要通过产业结构、金融发展、国际收支、城乡二元结构和投资消费结构的整体情况来反映，而人力资本对经济增长过程的影响主要通过作用产业结构升级来实现。

（一）人力资本通过技术创新影响产业结构升级

技术创新是一个国家乃至人类社会不断进步的关键要素。马尔萨斯认为人口的增长是几何级别的，而粮食的生产则是算数级别的，几何增长速度会远远高于算数增长速度，人类会面临粮食短缺的危机。但经过几个世纪的发展，这种现象并没有发生，正是因为技术创新推动了技术进步从而拓展了生产可能性边界，生产力获得大幅提高，人类才免受粮食危机之苦。熊彼特认为，创新是对现有生产资料的重新组合，而技术创新主要体现在新产品、新工艺上的创新。人是技术创新的主体，无论新产品还是新工艺的产生都需要以知识和技能为依托，而知识和技能主要来源于人力资本，人力资本是技术创新的关键要素。在信息大爆炸时代，新思想、新知识和新技能层出不穷，需要不断地学习新知识，才能满足技术创新的要求。Dakhli 和Clercq（2004）实证检验了人力资本和技术创新的关系，发现人力资本能够显著促进技术创新。人力资本是自主创新的核心要素，也会通过模仿和对知识溢出的吸收，间接实现技术创新，显然人力资本水平提高能够提高学习能力和对知识的吸收能力，从而有利于技术创新。王艳涛和崔成（2019）指出高级人力资本对自主创新和模仿创新都有积极影响，中级人力资本则主要通过模仿实现技术创新，而低级人力资本对技术创新没有显著影响。由此可见，技术创新离不开人力资本积累，尤其需要高级人力资本达到一定的规模和比例。

  产业结构升级是一个动态过程，是生产方式由劳动密集型向资本和技术密集型转变的过程。在此过程中，需要淘汰落后产能，减少高污染、高消耗产业的产出，增加高附加值的知识和技术密集型产业的产出。技术密集型产业对技术有较高的要求，只有不断创新技术，才能在激烈的竞争中生存下来，产业结构升级的过程就是新产品不断替代旧的落后产品和新工艺不断替代生产效率低下、技术落后生产工艺的过程，在此过程中，拓展了生产可能性边界，提升了技术效率，没有技术创新就没有产业结构的高级化。从短期来看，技术创新能够淘汰落后的生产技术，提升产业生产效率；从长期来看，技术创新会通过知识的扩散和溢出对其他产业产生影响，最终实现促使整个产业的高级化。

（二）人力资本投资通过改变需求结构影响产业结构升级

  根据凯恩斯的边际消费理论，收入增加会促进人们的消费，而人们通过不断地学习，能够掌握更多的知识，分析和理解能力也会得到锻炼，从而在工作中解决问题的能力明显增强。工作经验的积累和技能的提高，会使劳动者在单位时间内获得更多的产出，按照我国当前效率优先、兼顾公平的收入分配规则，自然可以得到更高的收入。收入是一个存量指标，需要不断地积累，健康人力资本投资可以提高劳动力的工作年限，从而获得更多的收入，而且健康人力资本投资也能够提升劳动者的体力和精力，从而提高生产效率。费雪的研究表明，人的消费不是由当期收入决定的，而是由一生的收入来决定的，人力资本投资显然能够提高人的终生收入。刘炳序和翟越（2017）的研究表明，农户的人力资本投资对收入有明显的促进作用。叶楠和李玉洁（2019）的研究也证实了劳动者的人力资本投资与职业获得有显著的正相关关系。所以，从微观角度看，劳动者可以通过对人力资本的投资来实现收入的提高。

根据马斯洛的层次需求理论，人在满足基本的生活需求外，会转而追求更高层次的需求。人力资本投资导致收入的提高，人们将不满足于基本生活需要，生活的重心也由产品需求向服务需求转变，以此来促进服务业的发展。如果这种需求达到一定的规模和比例，会带来产业从低端向高端的转变。满足基本生活需要的产品，大部分由劳动密集型产业供给，需求的减少会迫使劳动密集型产业要么通过技术引进和创新以机械代替人力，减少劳动力成本，要么被淘汰向其他产业转型。无论向哪个方向转变，都将释放大量劳动力，为资本和技术密集型产业提供支撑，有利于这些产业成功升级。所以消费需求的高端锁定，有利于产业结构的高级化，如图3-2所示。

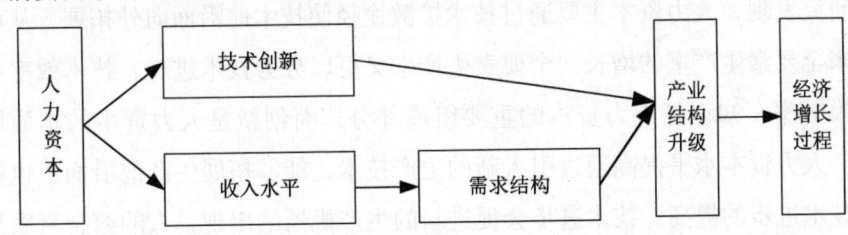

图3-2　人力资本对经济增长过程的影响机理

三、人力资本对经济增长结果的影响机理

经济增长在结果维度上，表现为利用有限的资源获得增长的效率如何，人民的福利状况是否得到有效改善，增长的资源消耗和环境代价如何。本部分内容将经济增长结果分为生产效率、全要素生产率、福利改善、资源利用效率和环境污染5个方面，分别阐述人力资本对这5个方面的影响。

（一）人力资本对生产效率的影响效应

教育是人力资本投资的关键要素，受教育年限的提高会积累大量的知识，同时分析理解能力也会增强，在生产过程中更容易改进生产工艺、促进技术发明和社会革新，从而带来生产效率的提高。劳动者工作经验的积累也是人力资本投资的重要组成部分，丰富的工作经验能够提高劳动者的熟练程度，从而在单位时间内能够获得更多的产出。健康人力资本投资能够提升劳动者的身体素质，使劳动者能够有足够的精力和体力对工作保持长期的专注。美国管理大师杜拉克认为，专注是提升劳动生产率的关键要素。生产资料也是影响生产效率的关键要素，人力资本水平提高能够提高劳动者的综合素质，提升人与生产工具的协同效应，从而带来生产效率的提高。

（二）人力资本通过技术创新影响全要素生产率

人力资本与全要素生产率有着比较密切的关系，Nelson和Phelps（1966）的研究发现，人力资本主要通过技术扩散途径使技术前沿面向外拓展，从而带来全要素生产率的增长。全要素生产率又可以分为技术进步、技术效率和规模效率。知识是人力资本的重要组成部分，而创新是人力资本的本质属性，人力资本水平提高通过引入新的生产技术，能够拓展生产前沿面，也就是技术进步的提高。技术进步会促进新的生产机器的出现，人的综合素质提高加上先进生产设备的配合，会提升生产的技术效率。人力资本水平导致的创新能力增强会不断地进行技术革新，提升产品的竞争力，市场份额的不断扩大，有利于提高规模效率。所以，人力资本积累是全要素生产率提高的主要推动力量。

(三) 人力资本通过收入水平影响福利改善

福利改善是经济增长结果的重要组成部分，经济增长总量提高固然重要，但也要使经济增长的成果能够为民众所共享。福利水平的提高主要通过恩格尔系数和收入差距体现：恩格尔系数越高说明食品支出比重越高，福利越小；收入差距则体现了经济成果的共享性，差距越大整体福利越小。人力资本对福利改善的影响主要通过收入水平来实现。人力资本水平的提高能够带来收入的提高，前文已经进行了较为充分的阐述，此处不再赘述。人的需求具有层次性，收入提高后，食品支出并不会获得较大的提高，人们会将剩余收入投入到生活中的其他方面，如娱乐和服务支出将会提高，从而有利于福利改善。

收入差距是一个很宽泛的概念，包括城乡收入差距、地区收入差距、行业收入差距等，在二元经济结构下城乡收入差距是收入不平等的主要原因。下面将主要阐述人力资本对城乡收入差距的影响。人力资本同其他资本一样也是逐利的，城市在师资和教学设备等资源上都要远远好于农村，等量的人力资本投资在城市的收益要远远高于农村，所以城市人力资本投资总量要远远高于农村。此外，在教育观念上城乡也存在很大差距，绝大部分农村父母的学历层次都比较低，对教育的认识也就比较有限。农村父母在孩子的教育过程中不够重视，很多属于放任自流的状态，加之教育资源在城乡上的差距，导致很多农村孩子无法进入大学，即使有一些优秀的孩子凭借自身的努力能够进入大学，毕业后也大多留在城市，城乡人力资本水平差距被进一步拉大。农村教育观念落后仅是人力资本投资不足的主观原因，客观原因是农村的收入水平比城市低，很难给孩子提供优质的教育。由此可见，教育资源不足、教育观念落后和收入水平低导致农村人力资本投资低于城市，这是城乡收入差距产生的主要原因。所以，人力资本投资会影响城乡收入差距进而对福利改善产生影响。

(四) 人力资本通过技术创新影响资源利用效率

资源是有限的，尤其对国家经济发展非常重要的很多资源都是不可再生的，资源利用效率决定着经济增长的可持续性，是经济增长结果的重要组成部分。人力资本水平提高能够带来技术创新，从而对能源的利用效率产生积极影响，如高辉和吴昊（2014）发现技术创新不仅能够提升本地区能源利用效率，还能通过溢出效应对相邻地区的能源利用效率产生积极的影响。韩玉军和王丽（2016）则指出，对外直接投资（OFDI）逆向技术溢出能够提高中国能源利用效率。随着人力资本水平的不断提高，国家的生产能力不断壮大，能源的需求也日益紧张，价格会随之上涨，刺激企业通过研发新技术提升能源利用效率，从而获取更多的利润。国家从经济发展的可持续性出发，也会考虑如何在不影响产出的情况下，减少能源的利用，为后代留下更多的资源，因而也会开发新技术提升能源的利用效率。综上，人力资本可以通过技术创新从而提升能源的利用效率。

（五）人力资本通过技术创新影响环境污染

生态环境是人类赖以生存的空间，经济增长不能以破坏生态环境为代价，人力资本水平提高可以改善生态环境。人力资本能够通过技术创新提升石油、煤炭等物质的利用效率，也能够通过技术创新减少污染物质的排放。技术创新能够开发新能源，如用光能、太阳能代替传统能源，从而减少了化学污染物的排放；也能开发新的设备，如用新能源汽车代替以汽油为主要动力的传统汽车，从而减少了空气污染物的排放；还可以用新材料，如生物塑料代替传统塑料减少了生活垃圾的排放。逯进等（2019）将技术创新引入环境污染模型，证实了技术创新水平的提高能够有效减少环境污染。但技术创新对污染物排放也存在双向效应，能源利用效率的提高和清洁能源的替代会减少污染物排放，但技术创新也会增强企业的盈利能力，企业会扩大生产规模，从而增加了污染物的排放，所以只有技术创新达到一定高度，减排效应超过增排效应时才会从根本上减少污染物的排放。陈阳等（2019）的研究证实了这个结果，指出技术创新只有达到一定高度才能有效降低环境污染，较低的技术创新则对环境没有显著影响。所以人力资本能够通过技术创新影响环境污染，但应加大人力资本投资，较大限度地提升创新能力，才能对环境污染产生根本性影响,如图3-3所示。

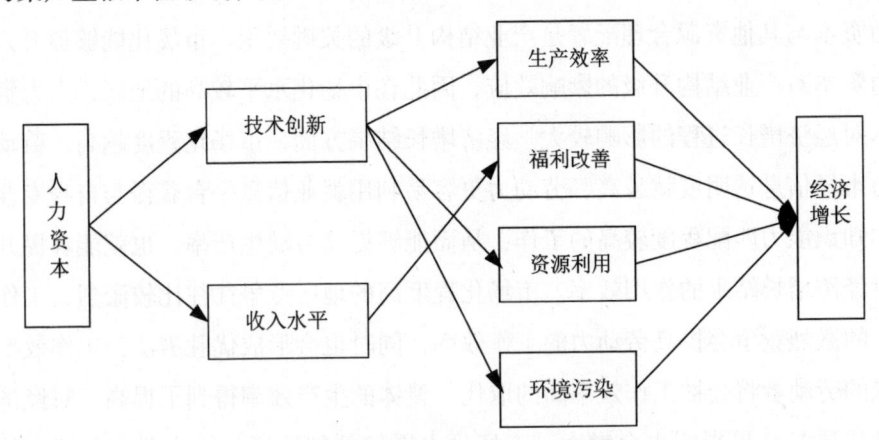

图3-3 人力资本对经济增长结果的影响机理

第二节 市场化对人力资本与经济增长质量关系的影响分析

人力资本能够对经济增长质量产生影响已经是一个不争的事实。研究显示,人力资本可以通过提高资源配置效率和技术进步水平从而推动经济增长质量提升。因此,加大人力资本投资,推动经济增长质量提升便成为我国经济发展的关键所在。但也有学者发现人力资本虽然能够对经济增长质量提高有积极影响,但人力资本水平提高对经济增长质量的影响是有限的,优化人力资本配置更加重要。要想达到此目的,就需要发挥市场在人力资本配置中的作用,提高人力资本对经济增长质量的影响效应。

经济增长质量是一个抽象的概念,由经济增长条件、经济增长过程和经济增长结果共同决定,市场化对人力资本影响经济增长质量主要通过这3个维度来体现。经济增长条件方面,市场化程度的提高会形成人力资本集聚,也就是会形成知识的集聚,而知识边际效应是递增的,从而会提升人力资本对创新的绩效,因此在市场化水平较高的地区,人力资本对经济增长条件的影响较大。经济增长过程方面，产业结构升级是较为重要的一个维度，人力资本与其他资源合理配置是产业结构升级的关键要素，市场化能够提升人力资本对产业结构升级的影响效应，因此在市场化水平较高的地区，人力资本对经济增长过程的影响较大。经济增长结果方面，市场化程度越高，劳动力市场信息透明度就越高，劳动力更容易利用就业信息平台获得与自身专业和知识能力匹配程度较高的工作，从而能够提高劳动生产率，也就能够提升对经济增长结果的作用效率。市场化程度高的地区竞争往往比较激烈，工作上的激烈竞争会提高劳动力的工作效率，同时也会形成优胜劣汰，工作效率低的劳动者将会被工作效率高的取代，整体的生产效率得到了提高，对经济增长质量结果影响也会增大。市场化水平较低的地区，往往营商环境也较差，难以吸引外来资金的流入，工业企业发展也较弱，本身的就业岗位就不多，加上工资待遇也较差，难以吸引人才流入，即使有高技能人才流入，也难以找到合适的工作，只能向下选择那些仅需较少的知识和技能就能从事的工作，生产效率很难提高，从而对经济增长结果影响也会很小。此外，法制环境是市场化的一个重要方面，市场化水平高的地区，法律对知识产权的保护程度也较高，提高了人们进行创新的积极性，有利于生产效率的提高，因此在市场化水平较高的地区，人力资本对经济增长结果的影响较大。综合3个维度的分析结果，市场化水平的提高能够提升人力资本对经济增长质量的影响。

第三节　人力资本对经济增长质量影响路径解构与研究假设的提出

经济增长质量本质上是一个价值判断，本章第一节分别考察了人力资本对经济增长的条件、过程和结果的影响机理，但缺乏对经济增长质量影响机理的整体分析。本节将在前两节基础上对人力资本影响经济增长质量的具体路径进行分析，并提出相应假设。

一、人力资本对经济增长质量的直接影响

人力资本水平提高意味着人的综合素质的提升，在社会化大生产中人的综合素质提升不仅会带来自身生产效率的提高，提升经济增长的质量和效益，同时沟通和协作能力也会增强，有利于形成良好的工作氛围，进而提升人们的幸福感，从而会对经济增长质量给予更高的评价。人的综合素质提升会对经济增长有更加深入的理解，节约资源和保护生态环境的意识也会增强，从而对经济增长质量产生积极的影响。前面的机理分析中主要考察了人力资本通过技术创新对经济增长质量的影响，但人的综合素质提升不仅对技术创新有影响，人的认知和实践能力的增强也会提升经济系统创造财富的能力，有利于经济增长质量的提升。

二、人力资本对经济增长质量的间接影响

前面的机理分析中主要考察了人力资本通过技术创新和收入水平两个途径对经济增长的条件、过程和结果产生影响。整体而言，人力资本通过技术创新路径对经济增长质量更多是主动影响，如技术创新能够用先进的生产工艺和技术代替落后的生产技术，从而提升经济增长速度，在带来经济总量快速增长的同时，为提高经济增长质量创造了条件；技术创新还会带来产业结构升级，从而带来上下游产业的系列变革，淘汰落后产能，用先进的生产资料代替落后的生产资料，通过提升产品的质量来实现经济增长质量提升；技术创新通过改良现有生产工艺会提升能源利用效率，减少污染物的排放，资源的节约保障了经济增长的可持续性，减排则有利于提升生态环境质量。人力资本通过提高收入水平更多体现为倒逼经济增长质量的提升，在收入水平提高后，人们对经济社会的要求也会相应提高，不仅关心自己的收入，也会关心别人的收入，希望更多地分享经济增长的成果，推动国家和政府采取相应措施提升整个社会的福利水平；人们收入水平提高后，对生活质量也有了更高的要求，尤其对赖以生存的自然生态环境有了更高的要求，这样就促使国家加大环境保护力度，但收入水平提高也会带来消费的增加，从而要求更

多的产品供给，对生态环境也会带来一定的压力，人力资本带来收入提高对生态环境究竟产生何种影响还有待深入研究。

三、市场化对人力资本作用经济增长质量的影响分析

本章第二节从经济增长的条件、过程和结果出发，分别阐释了市场化的调节效应。改革开放以来，我国市场化体制改革取得了较为瞩目的成就，明确了以市场价格作为资源配置的主要手段，从而提高了人力资本和其他资源的配置效率，有利于经济增长质量的提升。市场化通过促进竞争、明晰产权和法律保护等手段来提升人力资本对经济增长质量的作用。根据本章前两节的机理分析，加上本节深入分析，发现人力资本对经济增长质量的影响错综复杂，影响的路径和方式也较为繁杂，笔者认为技术创新和收入水平是所有路径中的关键环节，因此以二者为路径的主要枢纽，并结合本文的研究目标，给出人力资本对经济增长质量的影响路径，如图3-4所示。

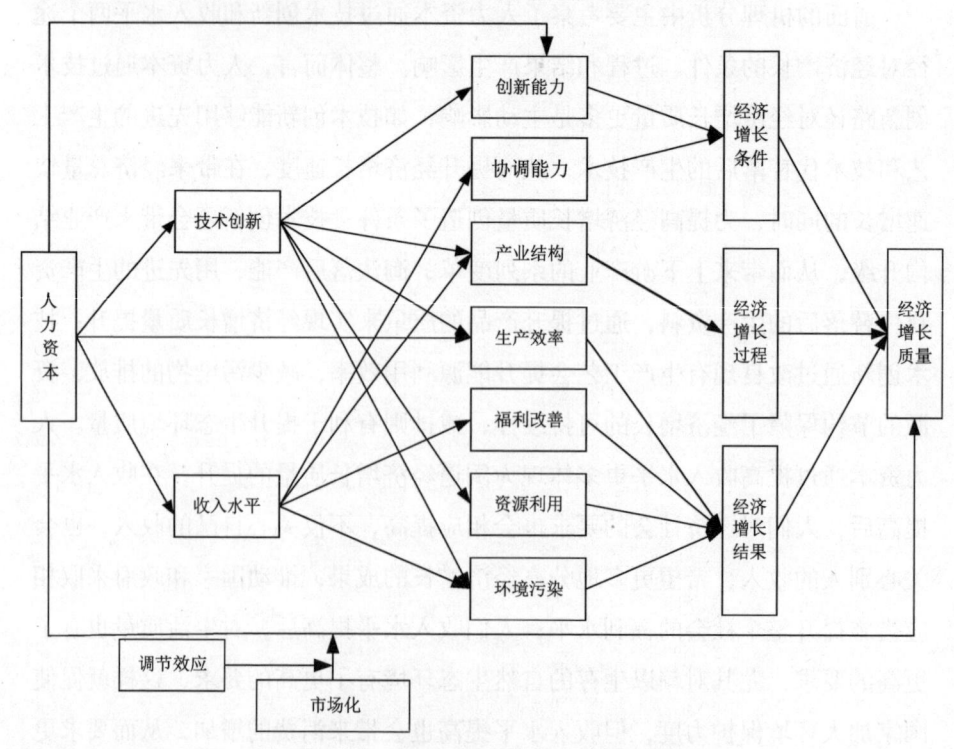

图3-4 人力资本对经济增长质量影响路径

本文拟通过实证分析对上述作用路径的关键环节进行检验，基于此提出如下假设。

假设1：技术创新是人力资本影响经济增长质量的中介。

假设1a：技术创新是人力资本影响经济增长条件的中介。

假设1b：技术创新是人力资本影响经济增长过程的中介。

假设1c：技术创新是人力资本影响经济增长结果的中介。

假设2：收入水平是人力资本影响经济增长质量的中介。

假设2a：收入水平是人力资本影响经济增长条件的中介。

假设2b：收入水平是人力资本影响经济增长过程的中介。

假设2c：收入水平是人力资本影响经济增长结果的中介。

假设3：市场化对人力资本影响经济增长质量具有调节效应。

第四节　本章小结

本章首先基于人力资本理论和经济增长质量相关理论，从经济增长条件、经济增长过程和经济增长结果3个维度分析了人力资本对经济增长质量的影响机理，重点阐释了人力资本可以通过技术创新和收入水平对经济增长质量产生影响并提出了具体影响路径，然后将市场化引入分析框架，并从理论上阐述了市场化对人力资本影响经济增长质量的调节效应，最后提出了人力资本对经济增长质量的影响路径和基本假设，为后续实证分析的章节奠定了理论基础。

第四章

中国人力资本与经济增长质量的测算及特征分析

本章首先对中国人力资本进行测度并分析其特征，然后构建评价指标体系，采用熵权Topsis方法对经济增长质量测算，并将经济增长质量分为经济增长条件、经济增长过程和经济增长结果3个维度，对经济增长质量进行特征分析。此外，人力资本和经济增长质量是本书的核心变量，但数据不能直接获取，本章的人力资本和经济增长质量测算结果为本书研究提供了必要的支撑。

第一节 中国人力资本的测算及特征

一、人力资本的测算

人力资本是一个抽象的概念，无法通过现有数据对其进行直接描述，首先需要对其进行测算，然后根据测算结果分析中国的人力资本特征。人力资本的测算目前常用的方法有3种，分别为成本法、收入法和教育年限法，每种方法都有各自的优点和局限性。

（一）成本法

人力资本由人的知识、技能和工作经验等要素组成，为了获取这些知识和技能所花费的资金和精力越大，相应的人力资本水平也越高，成本法认为人力资本的大小主要由投入来决定。现有研究中，钱雪亚等（2008）采用教育成本法对人力资本进行估算，孙海波等（2018）则在教育成本法的基础上加入了卫生、科研、培训、迁移等因素对人力资本进行测算，计算过程中借鉴了物质资本的度量方法，即永续存盘法来测算人力资本，计算公式为：

$$H_t = \sum_{i=1}^{k} H_{it} = \sum_{i=1}^{k} (1-\delta_i) H_{i(t-1)} + I_{it} \tag{4-1}$$

其中，i代表人力资本类别；t代表时间；δ_i代表折旧率；H代表人力资本总额；I代表人力资本投资额；k代表人力资本投资类别总数。

成本法虽然能够在一定程度上反映人力资本水平，但在实际应用中也存在一定的问题：第一，人力资本投资包含较多方面，对于很多个体来说，由于个人体力和智力上存在差异，即使人力资本投资付出的成本相同，但人力资本水平可能会存在差异。第二，折旧率的确定存在一定的争议，不同于物质资本有比较成形的方法，可以对物质资本的未来价值进行折算，人力资本折旧主要体现在知识的遗忘和技术的生疏，而在实践中这些是较难衡量的。第三，由于统计口径上的差异，哪些花费属于人力资本投资，哪些花费属于正常的生活消费支出也很难界定，从而导致人力资本估算上出现偏差。

（二）收入法

收入法测算人力资本存量是通过人力资本在未来能够创造的货币总量来衡量人力资本的价值。从资本的定义出发，能够创造价值是资本的本质属性，而人力资本的载体是人，其价值主要通过收入来体现。李海峥（2014）曾利用终生收入法估算了我国不同地区的人力资本存量。基本的计算公式为：

$$H_c = \sum_{t=1}^{T} \frac{Y_t}{(1+r)^t} \qquad (4-2)$$

其中，Y_t为第t年的收入，T为能够获得收入的总时长，r为贴现率。收入法衡量人力资本本质上是用一个人一生收入的现期价值来衡量人力资本水平，用收入法测算人力资本水平的误差主要来源于对人的寿命的预测和每年收入的估计，国内外学者们还曾将生活成本、经济状况等因素引入公式，丰富了现有的理论。收入法虽然能够较为全面地反映人力资本水平，但也存在一定的不足，该方法的前提是认为收入能够反映人在知识和技能上的差异，但影响收入的因素有很多，就业上的不平等、工资的刚性、职业选择上的差异、地区经济发展的不均衡等都会导致收入上的差异，此外，收入是敏感信息，实地调查中很难获取收入的准确信息，为人力资本估算带来很大的困难。

（三）教育年限法

教育年限法是反映人力资本的一种常用方法，个人受教育程度越高，人力资本水平也越高，计算公式为：

$$H_c = \sum_{i=1}^{n} E_i \times h_i \qquad (4-3)$$

其中，E_i 为第 i 种受教育层次者所占的比重，h_i 为第 i 种受教育者的受教育年限，n 为受教育层次的总类别。

该方法的主要缺点是受教育年限仅代表受教育者的学习经历，因个人天分和禀赋的差异，即使学习经历相同人力资本可能也存在差异。此外，受教育年限并没有考虑到健康和培训等其他因素对人力资本的影响。

综上，关于人力资本的测度目前还没有一个相对完备的方法，本书的研究目标是人力资本对经济增长质量的影响，主要是从宏观角度进行分析，个人的健康因素、能力因素、遗传禀赋、情感意志力等要素在微观层面上属于人力资本的构成要素，但限于数据的可得性，在总量上较难测度，所以本书采用受教育程度来表示各地区的人力资本水平。

按照《中国统计年鉴》对学历层次分类，将受教育人口分为未上过学、小学、初中、高中、大专及以上，对应的受教育年限分别为0年、6年、9年、12年、16年，根据公式（4-3）得到全国和各地区人力资本水平，进而对人力资本特征进行分析。

二、人力资本的特征

（一）中国人力资本水平不断提高

人力资本水平测算结果如表4-1所示，由此得到中国人力资本水平变化趋势，如图4-1所示，2008—2017年人力资本水平整体上呈明显上升趋势，但2010年出现明显回调，可能的原因是统计口径上的差异，因为2010年采用的是第六次人口普查数据，包含了6岁以下人口，这一群体中大部分人未上学从而拉低了总体的平均受教育年限，而其他年份为人口抽样调查数据，抽样总体为6岁及以上人口，因此导致2010年的平均受教育年限被低估。

表4-1 人力资本测度结果

地区	年份									
	2008	2009	2010	2011	2012	2013	2014	2015	2016	2017
北京	10.97	11.17	11.01	11.55	11.84	12.03	11.85	12.08	12.30	12.50
天津	9.88	10.05	9.73	10.40	10.51	10.54	10.50	10.56	10.77	11.10
河北	8.36	8.42	8.17	8.67	8.71	8.90	8.87	9.04	8.97	9.14
山西	8.81	8.88	8.66	9.15	9.38	9.36	9.30	9.63	9.70	9.92
内蒙古	8.37	8.49	8.50	9.23	9.23	9.01	9.00	9.37	9.68	9.61
辽宁	9.08	9.24	9.05	9.47	9.90	10.10	9.91	9.84	9.97	9.98
吉林	8.89	8.90	8.84	9.10	9.25	9.40	9.37	9.39	9.51	9.56
黑龙江	8.70	8.75	8.75	9.11	9.21	9.48	9.35	9.38	9.37	9.42
上海	10.55	10.65	10.12	10.48	10.65	10.56	10.82	10.95	11.04	11.43
江苏	8.44	8.55	8.60	9.16	9.26	9.42	9.35	9.49	9.51	9.52
浙江	8.24	8.40	8.15	8.82	9.21	9.37	9.06	8.98	9.12	9.19
安徽	7.44	7.62	7.46	8.25	8.52	8.52	8.73	8.80	8.57	8.61
福建	7.80	8.35	8.20	8.83	8.56	8.65	8.79	8.87	8.73	9.14
江西	8.26	8.52	7.78	8.74	8.87	9.24	8.88	8.87	8.75	8.77
山东	8.28	8.31	8.17	8.67	8.78	8.92	8.98	9.03	9.03	9.12
河南	8.34	8.39	7.88	8.70	8.66	8.78	9.00	8.83	8.81	8.94
湖北	8.49	8.49	8.46	9.05	9.20	9.34	9.11	9.33	9.30	9.40
湖南	8.43	8.47	8.23	8.81	8.72	8.96	9.02	9.30	9.36	9.45
广东	8.77	8.87	8.60	9.33	9.35	9.23	9.28	9.50	9.61	9.77
广西	7.98	8.10	7.67	8.61	8.42	8.59	8.75	8.68	8.76	8.76
海南	8.35	8.44	8.12	8.88	9.15	9.19	9.10	9.20	9.12	9.48
重庆	7.79	7.93	7.96	8.78	8.64	8.68	8.96	8.94	9.07	9.20
四川	7.51	7.69	7.64	8.22	8.48	8.45	8.35	8.45	8.30	8.56
贵州	7.05	7.08	6.76	7.59	7.63	8.04	8.09	7.78	7.77	8.14
云南	6.90	6.91	7.01	7.69	7.85	7.84	7.79	8.05	7.99	8.17
陕西	8.51	8.58	8.60	8.95	9.14	9.28	9.14	9.55	9.27	9.31
甘肃	7.17	7.29	7.48	8.15	8.28	8.35	8.32	8.44	8.45	8.66
青海	7.26	7.45	7.03	7.78	7.61	7.96	8.04	7.51	7.79	8.02
宁夏	8.13	8.22	7.78	8.39	8.37	8.71	8.55	8.89	9.15	9.20

续表

地区	年份									
	2008	2009	2010	2011	2012	2013	2014	2015	2016	2017
新疆	8.56	8.66	8.14	9.18	9.05	8.99	9.18	9.09	9.10	9.56
全国	8.27	8.38	8.21	8.85	8.94	9.05	9.04	9.12	9.13	9.26

数据来源：《中国统计年鉴》。

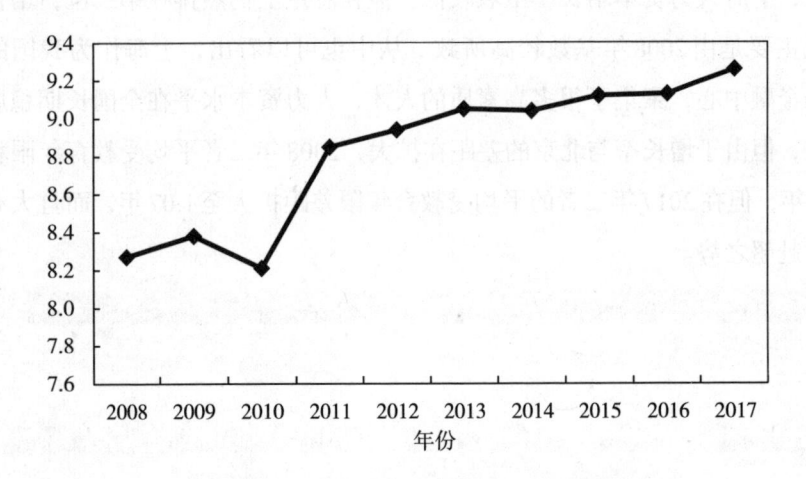

图4-1 2008—2017年中国人力资本水平变化趋势

（二）各省人力资本水平波动上升，增长速度存在明显差异

各省、自治区、直辖市人力资本水平如表4-1所示，各省、自治区、直辖市变化趋势如图4-2所示，为了进行对比分析，将30个省、自治区、直辖市人力资本变化情况在一张图中显示，各省、自治区、直辖市名称均用数字代替，按表4-1中地区一列对各省、自治区、直辖市赋予数值[①]。由图4-2能够发现，2008—2017年各省、自治区、直辖市人力资本水平整体呈波动性上升趋势，大部分地区在2010年出现下降，原因仍然是统计口径上的差异。由表4-1中的数据通过简单计算可知，人力资本水平增长率从高到低排

---

① 由于西藏和港澳台地区的数据缺失不在研究范围内，1—30分别代表北京、天津、河北、山西、内蒙古、辽宁、吉林、黑龙江、上海、江苏、浙江、安徽、福建、江西、山东、河南、湖北、湖南、广东、广西、海南、重庆、四川、贵州、云南、陕西、甘肃、青海、宁夏、新疆。

在前五位的依次为甘肃、云南、重庆、福建和安徽，排名前三位的均位于西部地区，可能的原因是受益于西部大开发战略，国家出台了很多人才引进策略，很多高技能人才响应国家号召，支援西部地区建设，所以这些地区的人力资本增速较快。排在后五位的依次为江西、河南、吉林、黑龙江和上海，前四个地区人力资本水平增速较慢的主要原因是经济增长状况不佳导致人才外流，上海人力资本增长率虽然较低，但在总量上仍然排在第二位，增长率较低主要是由2008年基数较高所致。从中也可以看出，上海作为我国的经济和金融中心，聚集了很多高素质的人才，人力资本水平在全国长期稳居第二位，但由于增长率与北京的差距在扩大，2008年二者平均受教育年限相差0.42年，但在2017年二者的平均受教育年限差距扩大至1.07年，而且大有被天津赶超之势。

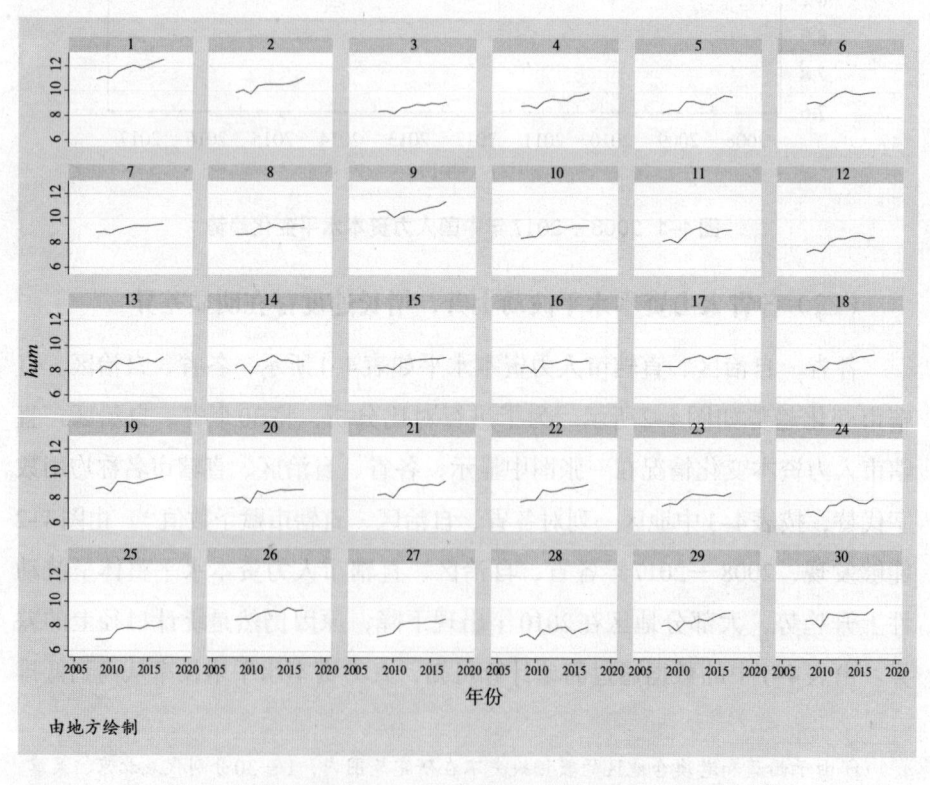

图4-2 中国各省、自治区、直辖市人力资本水平变化趋势[①]

① 该图纵轴代表人力资本水平，用 *hum* 来表示。

（三）人力资本地区间差异显著，尤其高素质人力资本地区间差距有扩大趋势

前面的研究主要分析了人力资本在时间上的变化趋势，显示无论从全国层面还是地区层面来看人力资本水平均有明显的提高。地区间人力资本差异较大，2008—2017年人力资本排名前五位依次为北京、上海、天津、辽宁、山西，排名后五位的依次为贵州、云南、青海、甘肃、四川，人力资本最高地区约为最低地区的1.55倍。西部地区虽然整体排名靠后，但人力资本水平提升较快，与其他地区差距有缩小趋势，那么是否意味着我国地区间人力资本整体差异在缩小呢？该问题的解决需要知道人力资本的分布状况，如果人力资本的分布是尖峰厚尾，表明人力资本地区间差异较大，否则说明人力资本地区间差异较小，所以需要估计人力资本的概率密度函数，本书借助非参数统计中核密度（kdensity）估计得到人力资本的概率密度函数，下面简要介绍这个方法。

核密度估计是一种用于估计概率密度函数的非参数方法，$x_1, x_2, \cdots, x_n$ 为来自独立同分布函数的 n 个样本点，设其概率密度函数为 $f(x)$，核函数为 k，其定义如下：

若 $x_1, x_2, \cdots, x_n$ 是来自密度函数 $f(x)$ 的一组样本，$k(\cdot)$ 为一给定的核函数，定义：

$$f_n(x) = (1/nh_n) \times \sum_{i=1}^{n} k((x-x_i)/h_n) \tag{4-4}$$

则称 f_n 为 f 的核密度估计，h_n 为窗宽。

由核密度估计公式可见，核密度估计本质上是将积分区域进行分割，通过计算任意一点 x 在窗宽邻域中所对应的观察值个数，进而求出概率密度函数值，若小邻域中包含的观测值多，则这一点的概率密度函数值就较大，反之则概率密度函数值较小，将每一个点的密度函数值连接起来，可以得到随机变量的概率密度函数，进而可以得出任何一个随机变量的近似分布函数。由于本研究中人力资本的数据较少，无法利用概率论与数理统计中的中心极限定理将其近似为正态分布，只能利用非参数估计方法对其进行估计。窗宽选择的不同会影响估计的结果，窗宽选择过大会使密度函数较为尖锐，窗宽

选择过小会增加随机影响，使核密度估计函数波动较大，无法找到规律性。本书根据均方误差最小的原则使$f_n(x)$和$f(x)$平均偏差程度达到最小来确定窗宽，既保证了估计精度，同时又兼顾了密度函数的平滑性。2008—2017年中国各地区人力资本的核密度分布如图4-3所示[①]。

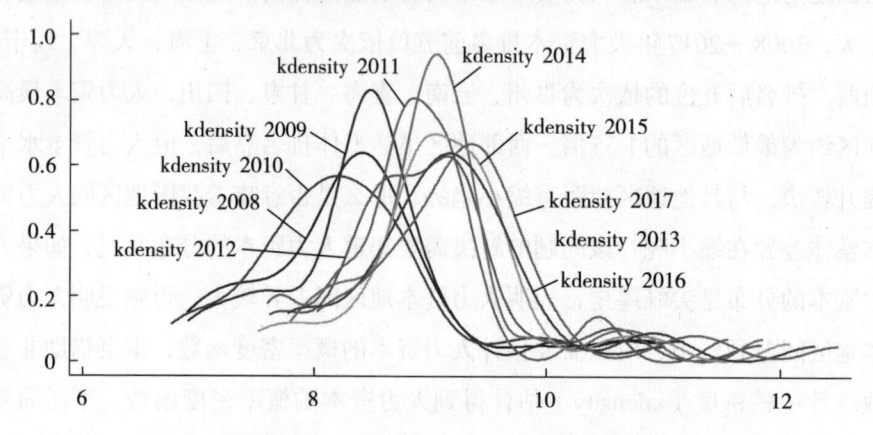

图4-3 2008—2017年中国各地区人力资本核密度分布

从图4-3可以看出，2008—2017年中国各地区人力资本的变化趋势呈现以下特征：第一，从概率密度分布曲线水平位置来看，随着时间曲线整体向右平移，意味着人力资本水平整体在提升。但2010年人力资本概率密度分布曲线明显较其他年份偏左，如前文所述，可能的原因是2010年《中国统计年鉴》6岁及以上人口受教育程度数据缺失，平均受教育年限数据主要根据第六次人口普查数据，通过每十万人拥有的各种受教育程度人口比重推算得出。该方法抽样总体包含了6岁以下人口，而这部分人口均未上学，所以导致受教育年限估计结果偏低，人力资本水平被低估。第二，从概率密度分布曲线的峰度特征来看，峰度最大值出现在2014年，此时概率分布密度曲线尾部最薄，低人力资本人群和高人力资本人群所占比重均较少，各地区人力资本水平差距最小；峰度最小值出现在2010年，此时概率密度曲线尾部最厚，低人力资本人群和高人力资本人群所占比重均较大，人力资本地区间差距最大。第三，从概率密度分布曲线的形状来看，每一个波峰旁边都出现

---

① 该图形横轴代表人力资本水平，纵轴为根据公式（4-4）计算得到的密度函数值。

了形状与主峰类似的侧峰，并且随着时间推移侧峰的位置逐渐向右移动，说明少部分地区因经济发展迅速对人才吸引力较强，导致高水平人力资本在地区间差距有扩大趋势。

第二节 中国经济增长质量测算及特征

通过前述研究发现，经济增长质量有着丰富的内涵，根据对经济增长质量内涵的界定构建评价指标体系，运用熵权Topsis方法测度不同地区经济增长质量，并就经济增长质量的趋势、特征、分布等进行分析。

一、经济增长质量指标体系构建

根据经济增长质量的界定将其划分为经济增长的条件、过程和结果3个维度，并借鉴已有研究成果[1][2][3]，同时也考虑数据的可得性。最终确定了包含3个方面指标、11个分项和23个基础指标的评价指标体系，结果如表4-2所示。

表4-2 经济增长质量指标体系

方面指标	分项指标	基础指标	指标属性 正指标	指标属性 逆指标	指标属性 适度指标
经济增长条件	创新能力	知识存量	✓		
		研发投入强度	✓		
	协调能力	社会保障支出/财政支出	✓		
		教育支出/财政支出	✓		
		医疗卫生支出/财政支出	✓		

---

[1] 钞小静，任保平. 城乡收入差距与中国经济增长质量[J]. 财贸研究，2014，25(5)：1-9.
[2] 安树军. 中国经济增长质量的创新驱动机制研究[D]. 西安：西北大学，2019.
[3] 禹四明. 中国经济增长质量的水平测度及提升路径研究[D]. 沈阳：辽宁大学，2017.

续表

方面指标	分项指标	基础指标	指标属性 正指标	指标属性 逆指标	指标属性 适度指标
经济增长过程	产业结构	第三产业/第二产业	✓		
		结构偏离泰尔指数		✓	
	金融发展	存贷款余额/GDP	✓		
	国际收支	进出口总额/GDP	✓		
	城乡二元结构	二元对比系数	✓		
		二元反差指数		✓	
	投资消费结构	投资率			✓
		最终消费率			✓
经济增长结果	福利改善	城乡收入比		✓	
		城镇恩格尔系数		✓	
		农村恩格尔系数		✓	
	增长效率	资本生产率	✓		
		劳动生产率	✓		
		全要素生产率	✓		
	资源利用	单位生产总值能耗		✓	
	环境污染	单位产出大气污染程度		✓	
		单位产出废水排放数		✓	
		单位产出固体废弃物排放数		✓	

数据来源：《中国统计年鉴》《中国科技统计年鉴》《中国能源统计年鉴》《中国劳动和就业统计年鉴》及各省统计年鉴。

二、指标处理与数据说明

根据表4-2可知，经济增长条件维度方面由2个分项指标5个基础指标构成，经济增长过程方面由5个分项指标8个基础指标构成，经济增长结果方面由4个分项指标10个基础指标构成，下面主要阐述每个基础指标的含义及具体计算。

（一）经济增长条件

经济增长条件维度，分别从创新能力和协调能力2个分项指标对地区经济增长的基础条件进行评价。创新能力分项指标选择知识存量和研发投入强度对创新成果的投入加以衡量。其中,知识存量用国内专利申请授权量与地区生产总值的比重表示;研发投入强度用研发投入占GDP的比重来衡量。协调能力分项指标分别选择社会保障支出占财政支出的比重、教育支出占财政支出比重和医疗卫生支出占财政支出的比重来反映地方政府在经济发展过程中的协调作用,这三项支出在财政支出中所占比重越大,政府的协调能力越强。

(二)经济增长过程

经济增长过程维度,分别从产业结构、金融发展、国际收支、城乡二元结构、投资消费结构5个分项指标加以衡量。产业结构升级是一个国家由数量型经济增长向质量型经济增长转型的必由之路,产业结构升级往往带来生产效率的提高和生产方式的转变,是影响经济增长质量的一个主要因素,用第三产业与第二产业的比值代表产业结构的高级化,用结构偏离的泰尔指数表示产业结构的合理化,当各产业产出份额和人口份额均相等时,该指数为0,表示产业结构最合理,该指数越大产业结构越不合理。

$$T = \sum_{i=1}^{3} \frac{Y_i}{Y} \ln\left(\frac{Y_i / L_i}{Y / L}\right) \quad (4-5)$$

其中,T代表泰尔指数,Y_i代表第i产业产值,L_i代表第i产业就业人员数,Y代表总产值,L代表总就业人数。金融发展体现了金融对经济的支持力度,选择金融机构存贷款余额占GDP的比重作为衡量指标。国际收支体现了经济的对外开放程度,选择进出口总额占GDP的比重作为测度指标。经济发展的一个主要目标是使经济增长的成果能够为劳动者所共享。城乡二元协调发展,缩小城乡收入差距能够提升经济增长质量。城乡二元结构用二元对比系数R_1和二元反差系数R_2来衡量。

$$R_1 = \frac{(G_1/G)/(L_1/L)}{(G_2/G)/(L_2/L)} \quad (4-6)$$

其中,R_1代表二元对比系数,G代表国内生产总值,L代表劳动力,G_1代表农业部门产值,G_2代表非农业部门产值,L_1代表农业部门劳动力,L_2代表非农业部门劳动力。二元对比系数是用农业与非农业部门的比较劳动生产率之比值，来衡量城乡之间在生产率上的差异，二元对比系数越大，表明城乡收入差距越小。计算公式为：

$$R_2 = \left| \frac{G_1}{G} - \frac{L_1}{L} \right| \tag{4-7}$$

其中，R_2为二元反差系数，表示农业经济向现代工业经济转化的经济发展过程，G_1为第一产业产值，L_1为第一产业就业人员数，G为总产值，L为总就业人数，二元反差系数是反映二元经济结构变化的综合测度指标，系数值越大表明城乡收入差距越大。投资消费结构中用投资率和消费率作为衡量指标，现有研究中认为二者应在适度范围内，不能太高也不能太低，项俊波（2008）认为投资率不应超过39%，消费率不应低于60%，否则对经济增长不利。本书认为将这两个指标作为适度指标是合理的，但究竟多少为适度并没有统一的标准，我国当前投资率明显高于39%，而消费率明显低于60%，按照这一标准在实际计算中将投资率作为负向指标，将消费率作为正向指标。

（三）经济增长结果

经济增长结果维度，分别从福利改善、增长效率、资源利用和环境污染4个分项指标加以衡量。居民福利是经济增长质量的重要组成部分，用城乡收入比衡量城乡收入差距；用城镇和农村的恩格尔系数，衡量城乡居民的生活水平。生产效率反映的是投入与产出的比例关系，在有限的资源条件下，提高生产效率，可以获得更多的产出，根据传统经济增长理论，从资本、劳动和技术的角度出发，用资本生产率、劳动生产率和全要素生产率作为增长效率的衡量指标。其中，物质资本存量采用较为普遍的永续存盘法计算资本存量（K），计算公式为：

$$K_t = \frac{I_t}{p_t} + (1-\delta)K_{t-1} \tag{4-8}$$

其中，K_t和I_t为第t年的资本存量和固定资产投资额，K_{t-1}为第$t-1$年的资本存量，δ为折旧率，已有研究大多将折旧率确定为5%，本研究也采用这一做法。资本生产率用实际GDP与固定资产的比率表示，劳动生产率用实际GDP与就业人数的比率表示，全要素生产率利用DEA-Malmquist指数方法计算得出，以GDP作为产出变量，以物质资本存量和就业人员数作为投入变量；资源利用率反映的是经济产出所付出的代价，而且生产中的很多资源都是不可再生的，提升资源利用效率是保持经济可持续发展和提升经济增长质量的关键要素，选择单位国内生产总值能耗来衡量资源利用效率；环境污染方面选择单位产出二氧化硫排放数代表大气污染程度、单位产出污水排放数、单位产出固体废物排放数作为基础测度指标。

由于西藏及港澳台地区部分数据缺失，予以剔除。综上，本研究以2008—2017年我国的30个省、自治区和直辖市为样本，后续章节的实证研究中亦将与此样本保持一致。数据来源于《中国统计年鉴》《中国科技统计年鉴》《中国能源统计年鉴》《中国劳动和就业统计年鉴》及各省统计年鉴。

三、经济增长质量测度方法的选择

本研究是从广义的角度界定经济增长质量，主要通过构建评价指标体系，然后选用数学和统计学方法进行测度。数学方法中又以层次分析法和熵权法应用最多。层次分析法通过专家打分的方式对指标赋予权重，缺点是带有一定的随意性；熵权法是根据指标的信息熵对指标客观赋权，属于客观赋权法，但对评价对象只能算出一个数值，无法知道评价对象与最优和最劣状态的差距。现有研究中主要采用因子分析和主成分分析测度经济增长质量，二者均属于统计学中的降低变量维度的方法：因子分析是将多个指标转化为无关的综合指标；主成分分析是将显在的指标转化为潜在的因子，其避免了数据间信息的重叠，在综合评价中得到广泛的应用。本研究中不仅希望能够测度经济增长质量的大小，还希望找到经济增长质量与最优状态的差距，因此将熵权法和Topsis方法相结合来测度不同地区经济增长质量，下面简要介绍这些方法。

（一）熵权法

熵权法是数学中的一种常用赋权方法，构造原理主要来源于数学中的均值不等式，当所有指标均相同时，信息熵达到最大值，从统计的角度看，当所有指标均相同时，所包含的信息是最少的。由此得出，指标的离散程度越小，信息熵越大，该指标被赋予的权重就越小，用该方法对指标赋权，能够彻底摒除人为因素的干扰，具有较强的客观性。

设有 θ 个年份，n 个地区，m 个指标，r_{tij} 代表第 t 年，第 i 个省份的第 j 个指标值。熵权计算公式为：

$$H_j = -k \sum_{t=1}^{\theta} \sum_{i=1}^{n} f_{tij} \ln f_{tij} \qquad (4-9)$$

其中，$f_{tij} = \dfrac{r_{tij}}{\sum\limits_{t=1}^{\theta} \sum\limits_{i=1}^{n} r_{tij}}$，$k = \dfrac{1}{\ln(n\theta)}$。

$$w_j = \dfrac{1 - H_j}{\sum\limits_{j=1}^{m}(1 - H_j)} \qquad (4-10)$$

其中，r_{tij} 代表第 t 年，第 i 个省份的第 j 个指标值，$t = 1, 2, \cdots, \theta$；$i = 1, 2, \cdots, n$；$j = 1, 2, \cdots, m$；f_{tij} 为第 t 年，第 i 个地区，第 j 个指标值所占比重；H_j 为第 j 个指标的熵；w_j 为第 j 个指标权重。

（二）基于熵权的 Topsis 方法

Topsis 方法是多目标决策的一种有效方法，每一个方案均可以看作欧式空间中的一个点，根据方案之间的空间距离关系来确定评价对象的绩效。本研究中假定各指标所能提供的信息是不同的，根据各指标的熵确定其权重，再结合 Topsis 方法确定各方案绩效，具体过程如下：

1. 数据标准化

（1）正向指标标准化。

$$V_{tij} = \dfrac{r_{tij} - r_{j\min}}{r_{j\max} - r_{j\min}}, \ t = 1, 2, \cdots, \theta; \ i = 1, 2, \cdots, n; \ j = 1, 2, \cdots, m \qquad (4-11)$$

（2）负向指标标准化。

$$V_{tij} = \dfrac{r_{tij} - r_{j\max}}{r_{j\min} - r_{j\max}}, \ t = 1, 2, \cdots, \theta; \ i = 1, 2, \cdots, n; \ j = 1, 2, \cdots, m \qquad (4-12)$$

其中，$r_{j\min}$ 为第 j 个指标最小值，$r_{j\max}$ 为第 j 指标最大值，V_{tij} 为标准化后

指标。

2.标准化数据归一化处理

$$A = \frac{V_{tij}}{\sqrt{\sum_{t=1}^{\theta}\sum_{i=1}^{n}V_{tij}^2}} = (a_{tij})_{\theta \times n \times m} \quad (4-13)$$

根据标准化之后的数据可以确定最优和最劣方案，如下所示：

最优方案 $A^+ = \{a_1^+, a_2^+, \cdots, a_m^+\}$，其中 a_j^+，$j = 1, 2, \cdots, n$ 为第 j 个指标的最大值。

最劣方案 $A^- = \{a_1^-, a_2^-, \cdots, a_m^-\}$，其中 a_j^-，$j = 1, 2, \cdots, n$ 为第 j 个指标的最小值。

将熵权法与Topsis相结合可以得到第 t 年的第 i 个评价对象与最优方案和最劣方案的距离分别为 D_{ti}^+ 和 D_{ti}^-：

$$D_{ti}^+ = \sqrt{\sum_{j=1}^{m}w_j(a_j^+ - a_{tij})^2}, \quad D_{ti}^- = \sqrt{\sum_{j=1}^{m}w_j(a_j^- - a_{tij})^2} \quad (4-14)$$

根据各评价方案与最优方案和最劣方案的距离关系可以得到评价对象的绩效，如公式（4-15）所示。

第 t 年的第 i 个评价对象与最优方案的接近程度为 C_{ti}：

$$C_{ti} = \frac{D_{ti}^-}{D_{ti}^+ + D_{ti}^-} \quad (4-15)$$

其中，第 t 年的第 i 个评价对象越接近最优方案，D_{ti}^+ 越接近 0，C_{ti} 越接近于 1；反之，第 t 年的第 i 个评价对象越接近最劣方案，D_{ti}^- 越接近 0，C_{ti} 越接近于 0，所以 C_{ti} 可以用来衡量第 t 年的第 i 个评价对象的绩效，C_{ti} 的值越大，表明第 t 年的第 i 个评价对象的绩效越高。

四、经济增长质量测算结果及特征分析

本书构建经济增长质量评价指标体系，借助熵权Topsis方法得到中国经济增长质量及分维度的经济增长条件、经济增长过程和经济增长结果的测度

值，并就经济增长质量的特征进行分析。在对经济增长质量特征进行分析前，先给出各指标权重的计算结果，如表4-3所示。

表4-3 各指标权重

指标	E	X_1	X_2	X_3	X_4	X_5			
权重	0.180 4	0.092 4	0.067 0	0.010 2	0.003 9	0.006 9			
指标	S	S_1	S_2	S_3	S_4	S_5	S_6	S_7	S_8
权重	0.363 0	0.038 5	0.060 2	0.021 1	0.170 5	0.022 9	0.033 7	0.012 5	0.003 6
指标	T	T_1	T_2	T_3	T_4	T_5	T_6	T_7	T_8	T_9	T_{10}
权重	0.456 6	0.005 3	0.003 7	0.005 2	0.020 3	0.044 3	0.000 7	0.049 3	0.132 4	0.020 7	0.174 7

数据来源：《中国统计年鉴》《中国科技统计年鉴》《中国能源统计年鉴》《中国劳动和就业统计年鉴》及各省统计年鉴，经过计算得出。

由表4-3可知，在3个维度中经济增长结果的权重最高为0.456 6，这意味着经济增长结果是影响经济增长质量的关键所在，从分项指标看环境污染是经济增长结果的主要制约因素。其次是经济增长过程，权重为0.363 0，说明经济增长质量差异较多来源于经济结构因素，从分项指标看，国际收支、产业结构对经济增长过程的影响较大。相较于经济增长结果和经济增长过程，经济增长条件对经济增长质量的影响较小，权重为0.180 4，可能的原因是我国的研发投入和发明专利的成果转化能力较差。根据指标权重结合Topsis方法可以得到各地区经济增长质量及具体特征。

（一）中国经济增长质量总体变化特征

经济增长质量变化趋势如图4-4所示。从图4-4中可以看出，中国经济增长质量呈持续增长状态，从2008年的0.299 0上涨至2017年的0.345 6。虽然经济增长质量稳步提高，但经济增长质量与最优状态存在较大差距。经济增长质量的取值范围为0~1，评价对象越接近于1，表明越接近最优方案，而2017年经济增长质量仅为0.345 6，与最优状态差距较大，表明我国经济增长质量还有较大改善空间。

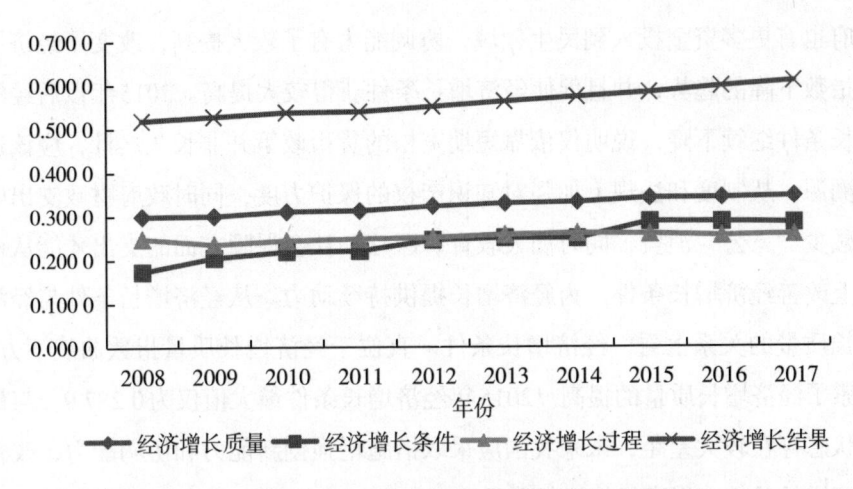

图4-4 2008—2017年中国经济增长质量的动态演进

分维度来看，经济增长结果与经济增长质量走势保持一致，从2008年的0.5186上升至2017年的0.6082，这说明经济增长质量的改善主要来源于经济增长结果的不断改善。从分项指标权重表4-3可以看出，经济增长结果中环境污染权重最大，表明我国生态环境改善是经济增长结果稳步提升的主要原因。从图4-4也可以看出，经济增长结果曲线位于经济增长质量曲线的上方，与经济增长质量相比更加接近最优状态，经济增长结果是经济增长质量的主要推动力。但这并不意味着经济增长结果已经处于最优状态，2017年结果仅为0.6082，与最优状态1之间还存在一定差距，中国当前经济的发展仍然存在自主创新能力不足、资源过度消耗、生态环境恶化等问题。因此，加大研发资金投入，提升自主创新能力，尤其是基础研究的创新，转变经济增长方式，提升资源利用效率，更大力度地改善生态环境仍然是未来经济发展的主要目标。

经济增长条件整体上呈现波动上升状态，从2008年的0.1733增长至2017年的0.2840，最低点为2008年的0.1733，最高点为2015年的0.2870。具体来看，2008—2013年经济增长指数稳步提升，2014年较2013年有所下降，2015年较2014年有较大的提升，并达到最高点，以后开始逐年缓慢下降。值得一提的是，2015年国家采用较为宽松的货币政策，多次降低存款准备金率和降低存贷款利率，企业资金比较充裕，因此加大了研发投入力度，政府也有更多资金投入到民生领域，协调能力有了较大提高，改变了经济增长指数下降的趋势，并且促使经济增长条件获得较大提高。2015年以后经济增长条件继续下降，说明仅依靠短期宽松的货币政策并非长久之计，应该追根溯源，从制度和法规上加强对知识产权的保护力度，同时政府财政支出中应减少"三公"消费，同时加大教育、医疗和社会保障方面的支出才能从根本上改善经济增长条件，为经济增长提供持续动力。从经济增长条件与经济增长质量的关系上看，经济增长条件一直位于经济增长质量指数曲线下方，拖累了经济增长质量的提高。2015年经济增长条件最大值仅为0.287 0，与最优状态存在较大差距，未来我国应采取措施增强创新能力和协调能力，改善经济增长条件，提高经济增长质量。

经济增长过程整体来看呈现波动上升状态，但上升幅度较小，从2008年的0.248 5增长至2017年的0.257 4，仅增长3.58%，最低点为2009年的0.235 4，可能的原因是：四万亿投资的实施短期内转变了中国的经济增长方式，不利于经济增长结构的优化升级，最高点为2014年的0.260 6。经济增长过程小于经济增长质量，表明经济增长过程拖累了经济增长质量的提高，而且经济增长过程也远远未达到最优状态，可能的原因是：我国产业结构不合理，第三产业占比仍然较低；投资消费结构不协调，2017年中国最终消费支出占国内生产总值的比重达到53.6%[①]，但与发达国家相比仍然存在较大差距；同时我国进出口贸易对经济增长的劳动作用依然有限，金融市场不均衡，受户籍政策的影响，二元经济结构并未得到根本改善，制约了经济增长过程的提高。

综上所述，2008—2017年中国经济增长质量有了较大提高，但从绝对数量上与最优状态比较来看还有较大的提升空间，经济增长结果是经济增长质量的主要组成部分，这与经济增长最终目标相吻合，经济增长过程整体波动幅度较小，优化经济结构任务依然较重，而经济增长条件的作用有待提升。

---

① 数据来源《中国统计年鉴》，经计算得出。

(二)中国地区经济增长质量的时空演化特征

前面的研究发现,2008—2017年中国经济增长质量、经济增长条件、经济增长过程和经济增长结果都在一定程度上获得提高,但中国地区经济发展不均衡,而且地区间资源禀赋存在较大差异,受这些因素的影响,地区间经济增长质量也存在较大差异,所以本研究从时间维度和空间维度对不同地区的经济增长质量进行进一步的分析。首先,根据熵权Topsis方法计算各地区2008—2017年的综合经济增长质量,并对经济增长质量进行排序,结果如表4-4所示。

从时间维度上看,除北京以外,所有地区的经济增长质量都处于波动上升趋势,北京的经济增长质量指数走势呈倒U形,在2013年达到高点,之后开始下降。导致下降的原因可能是,北京的高房价导致部分高素质人才开始流出,使经济增长质量下降。从经济增长质量的增长率看,重庆、内蒙古、宁夏、山西、甘肃的增长幅度居前,值得一提的是,重庆的排名从2008年的第21名上升至2017年的第10名,可能的原因是受益于西部大开发战略,资金上的支持和人才集聚使重庆经济增长质量提升较快;北京、广东、天津、新疆、江苏的增长幅度较小,尤其新疆的排名从2008年的第18名下降至2017年的第26名,排名下滑较大。其他四个地区因领先优势明显,虽然增速较慢,与其他地区的差距逐步缩小,但领先优势短期内仍然无法撼动。通过以上分析发现,从整体来看,经济增长质量较高的地区增速较慢,而经济增长质量靠后的地区增速较快,有利于缩小地区间的经济增长质量差距。

从空间分布上来看,经济增长质量较高的地区大多处于东南沿海地区,西部地区和北方内陆地区经济增长质量则较低。具体来看,经济增长质量排在前几位的依次是北京、上海、广东、浙江、江苏、天津、福建、山东、重庆、海南,虽然在不同年份排名上交替变化,但整体来看,这些城市的经济增长质量稳定在第一阵营。这些城市中北京、上海和广东是一线城市,吸引大量人才流入,经济综合实力长期处于领先水平;天津和重庆为直辖市,受国家政策扶持力度较大,经济增长质量长期领先;浙江、江苏、福建、山

表4-4 中国各地区经济增长质量指数及排序

地区	2008年	2009年	2010年	2011年	2012年	2013年	2014年	2015年	2016年	2017年
北京	0.6806（1）	0.6541（1）	0.7093（1）	0.7365（1）	0.7503（1）	0.7629（1）	0.7625（1）	0.7153（1）	0.6696（1）	0.6740（1）
天津	0.4142（4）	0.3816（6）	0.3954（6）	0.4045（6）	0.4166（6）	0.4279（6）	0.4275（6）	0.4348（6）	0.4314（6）	0.4319（5）
河北	0.2573（17）	0.2588（19）	0.2611（18）	0.2592（19）	0.2650（19）	0.2733（18）	0.2805（18）	0.2918（18）	0.2940（18）	0.2980（18）
山西	0.2011（28）	0.2150（27）	0.2151（27）	0.2088（27）	0.2217（27）	0.2342（27）	0.2417（27）	0.2558（26）	0.2702（24）	0.2621（27）
内蒙古	0.2028（27）	0.2108（28）	0.2135（28）	0.2163（26）	0.2242（26）	0.2371（26）	0.2443（26）	0.2514（27）	0.2640（26）	0.2821（24）
辽宁	0.2910（10）	0.2874（10）	0.2934（10）	0.2910（11）	0.2948（14）	0.3019（13）	0.3017（14）	0.3079（14）	0.3429（9）	0.3498（8）
吉林	0.2547（19）	0.2591（18）	0.2549（20）	0.2567（20）	0.2632（20）	0.2686（21）	0.2732（21）	0.2797（21）	0.2855（21）	0.2850（23）
黑龙江	0.2666（13）	0.2731（12）	0.2722（14）	0.2815（13）	0.2990（12）	0.3088（12）	0.3109（12）	0.3179（13）	0.3259（14）	0.3390（11）
上海	0.5748（2）	0.5673（2）	0.6112（2）	0.6006（2）	0.6053（2）	0.5961（2）	0.6161（2）	0.6215（2）	0.6039（2）	0.6112（2）
江苏	0.4093（5）	0.4100（5）	0.4517（5）	0.4737（4）	0.4961（5）	0.4677（5）	0.4427（5）	0.4533（5）	0.4324（5）	0.4291（6）
浙江	0.4055（6）	0.4221（4）	0.4551（4）	0.4609（5）	0.4968（4）	0.4990（4）	0.4869（4）	0.5024（4）	0.4793（4）	0.4721（4）
安徽	0.2630（15）	0.2687（14）	0.2755（13）	0.2954（10）	0.3141（10）	0.3217（11）	0.3211（11）	0.3350（11）	0.3328（12）	0.3289（13）
福建	0.3310（7）	0.3234（7）	0.3386（7）	0.3508（7）	0.3583（7）	0.3631（7）	0.3608（7）	0.3750（7）	0.3689（7）	0.3645（7）
江西	0.2582（16）	0.2596（17）	0.2604（19）	0.2619（18）	0.2689（17）	0.2731（19）	0.2827（16）	0.2978（17）	0.3086（16）	0.3115（15）
山东	0.2933（9）	0.2925（9）	0.3097（9）	0.3181（8）	0.3270（8）	0.3306（10）	0.3318（10）	0.3376（10）	0.3375（11）	0.3434（9）
河南	0.2407（22）	0.2458（22）	0.2515（21）	0.2546（21）	0.2651（18）	0.2722（20）	0.2761（20）	0.2890（19）	0.2916（19）	0.2945（20）
湖北	0.2718（11）	0.2726（13）	0.2756（12）	0.2733（15）	0.2776（15）	0.2853（15）	0.2906（15）	0.3007（15）	0.3047（17）	0.3107（16）
湖南	0.2672（12）	0.2681（16）	0.2679（17）	0.2667（17）	0.2735（16）	0.2749（17）	0.2790（19）	0.2872（20）	0.2913（20）	0.2979（19）

续 表

地区	2008年	2009年	2010年	2011年	2012年	2013年	2014年	2015年	2016年	2017年
广东	0.4834(3)	0.4667(3)	0.4995(3)	0.5019(3)	0.5171(3)	0.5279(3)	0.5124(3)	0.5144(3)	0.4922(3)	0.5029(3)
广西	0.2350(23)	0.2388(23)	0.2364(23)	0.2451(22)	0.2489(22)	0.2554(22)	0.2620(22)	0.2712(22)	0.2741(23)	0.2878(22)
海南	0.2994(8)	0.3059(8)	0.3122(8)	0.3162(9)	0.3180(9)	0.3314(9)	0.3330(9)	0.3398(9)	0.3410(10)	0.3388(12)
重庆	0.2444(21)	0.2581(20)	0.2697(16)	0.2847(12)	0.3134(11)	0.3342(8)	0.3473(8)	0.3567(8)	0.3531(8)	0.3430(10)
四川	0.2654(14)	0.2773(11)	0.2880(11)	0.2807(14)	0.2961(13)	0.2995(14)	0.3029(13)	0.3210(12)	0.3215(15)	0.3245(14)
贵州	0.1965(30)	0.1962(30)	0.1966(30)	0.2018(28)	0.2124(28)	0.2187(28)	0.2303(28)	0.2485(28)	0.2469(28)	0.2505(29)
云南	0.2263(24)	0.2320(24)	0.2331(24)	0.2242(24)	0.2340(24)	0.2411(24)	0.2505(24)	0.2595(25)	0.2637(27)	0.2713(25)
陕西	0.2533(20)	0.2685(15)	0.2716(15)	0.2682(16)	0.2622(21)	0.2757(16)	0.2814(17)	0.3044(15)	0.3281(13)	0.3061(17)
甘肃	0.2213(25)	0.2251(25)	0.2228(26)	0.2188(25)	0.2286(25)	0.2392(25)	0.2445(25)	0.2674(23)	0.2829(22)	0.2881(21)
青海	0.2120(26)	0.2207(26)	0.2269(25)	0.1808(30)	0.1886(30)	0.1936(30)	0.1991(30)	0.2106(30)	0.2213(30)	0.2399(30)
宁夏	0.1967(29)	0.2020(29)	0.2008(29)	0.1907(29)	0.2029(29)	0.2116(29)	0.2213(29)	0.2313(29)	0.2450(29)	0.2605(28)
新疆	0.2554(18)	0.2479(21)	0.2476(22)	0.2408(23)	0.2412(23)	0.2488(23)	0.2510(23)	0.2649(24)	0.2678(25)	0.2676(26)

注：括号内的数字为该地区经济增长质量排名。

数据来源：《中国统计年鉴》《中国科技统计年鉴》《中国能源统计年鉴》《中国劳动和就业统计年鉴》及各省统计年鉴，经过计算得出。

东、海南均为沿海城市，交通便利，运输成本低，同时气候条件好吸引大量人才流入，有利于经济增长质量的提高。排在后几位的是青海、宁夏、贵州、山西、内蒙古、云南、甘肃、新疆、广西、河南，大部分位于西北地区，经济基础薄弱，生存条件较差，缺乏经济增长数量上的支撑，经济增长质量较低。其他地区经济增长质量位于中间水平，这些地区大部分位于我国中部或东北地区，虽然没有沿海地区的地缘优势，但也有各自的发展特色，所以经济增长质量位于中间水平。

（三）中国经济增长质量统计分布特征分析

前面的研究主要分析了经济增长质量在时间上的变化趋势，显示无论从全国层面还是地区层面，经济增长质量均有明显的提高，接着将各地区的经济增长质量状况进行了排名，发现东南沿海地区经济增长质量较高，西部地区经济增长质量较差。但前面的研究未对经济增长质量区域间的差异进行分析，下面还是借助非参数核估计的方法计算经济增长质量的核密度函数，深入分析经济增长质量统计分布情况，进而对经济增长质量地区间的差异情况进行分析。

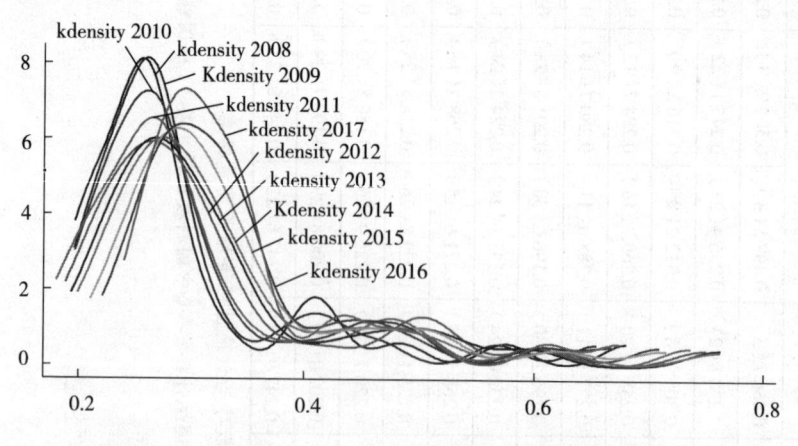

图4-5 2008—2017年地区经济增长质量核密度分布[①]

从图4-5可以看出，2008—2017年中国各地区经济增长质量水平的变化

---

① 该图中横轴代表经济增长质量，纵轴为根据公式（4-4）计算得到的密度函数值。

趋势呈现以下特征：第一，从概率密度分布曲线水平位置来看，随着时间曲线整体向右平移，意味着随着时间推移经济增长质量整体在提升。第二，从概率密度曲线的峰度特征来看，波峰最大值出现在2009年，此时概率密度曲线尾部最薄，低经济增长质量地区和高经济增长质量地区所占比重均较少，各地区经济增长质量总体差异最小。概率密度曲线峰度最小值出现在2012年，此时概率密度曲线尾部最厚，低经济增长质量地区和高经济增长质量地区所占比重均较大，各地区经济增长质量总体差异最大。第三，从概率密度曲线的峰度变化看，样本在考察期内可以分解为两个阶段。2008—2012年，经济增长质量概率密度曲线由尖峰薄尾形态向平峰厚尾形态转变，这说明这一阶段各地区经济增长质量差距正在逐步变大；2012—2017年，经济增长质量概率密度曲线由平峰厚尾形态向尖峰薄尾形态转变，这说明这一阶段各地区经济增长质量差距差异逐步缩小，但整体差距仍然高于2008年和2009年的水平。第四，从概率密度曲线的形状来看，每一个波峰旁边都出现了形状与主峰类似的侧峰，并且随着时间推移侧峰的位置逐渐向右移动，说明少部分地区因区位优势，经济增长质量较好，从而形成了高经济增长质量集聚区。

第三节 本章小结

本章首先采用平均受教育年限法对人力资本进行测算，然后对人力资本的特征进行分析。研究发现中国人力资本水平一直处于上升状态，各省人力资本则呈现波动上升状态，人力资本地区间差异明显，东中部地区明显高于西部地区，尤其高水平人力资本在地区间的差异有扩大趋势。然后通过构建评价指标体系，借助熵权Topsis方法对经济增长质量进行测度及特征分析。结果发现，中国经济增长质量呈持续增长状态，经济增长条件和经济增长结果波动上升明显，经济增长过程上升幅度较小。从地区层面看，地区经济增长质量呈现波动上升状态，但地区间经济增长质量差异明显，东南沿海和京津地区的经济增长质量明显高于其他地区，经济增长质量地区差异最小出现在2009年，最大出现在2012年；从时间维度上来看，人力资本和经济增长质量指数有共同变动的趋势；从空间维度上来看，人力资本与经济增长质量的分布具有较强相关性，从而为下文考察人力资本对经济增长质量的影响和人力资本对经济增长质量的空间溢出效应提供了现实依据。

第五章

人力资本对中国经济增长质量影响的实证分析

第五章　人力资本对中国经济增长质量影响的实证分析

第三章详细阐述了人力资本对经济增长质量的影响机理和路径。本章构建混合回归模型、固定效应模型和随机效应模型实证检验人力资本对经济增长质量及其分维度的影响，并将中国分为东、中、西3个区域，分析影响程度在空间上的差异，再将2008—2017年分为两段相等的时间，分析影响程度在时间上的变化趋势。本章通过对人力资本影响经济增长质量的基准回归分析，能够从整体上把握人力资本对经济增长质量及维度的经济增长条件、经济增长过程和经济增长结果的影响，从而为第六章进一步从空间视角分析人力资本对经济增长质量的空间溢出效应分析奠定基础。

第一节　计量模型及方法

计量经济学中的数据分为截面数据、时间序列和面板数据，由此形成截面数据模型、时间序列模型和面板数据模型。截面数据模型只考虑数据的横向特征，时间序列模型只关注数据的纵向特征，二者相对来说都比较片面；面板数据同时考虑到时间和空间两个维度，在计量经济学中应用较为广泛。面板数据模型的一般形式为：

$$y_{it} = \alpha + x_{it}'\beta + v_i + \varepsilon_{it} \tag{5-1}$$

其中，y_{it}为被解释变量，x_{it}'为解释变量，v_i是不可观测且不随时间改变的个体特征，ε_{it}是随个体与时间而改变的扰动项。假设ε_{it}序列独立分布，且与v_i不相关。

当个体特征v_i与解释变量x_{it}'相关时称为固定效应模型，此时的最小二乘估计量不是一致的，需要将所有变量原点化处理，得到的固定效应估计量也称为组内估计量，是一致估计量；当个体特征v_i与解释变量x_{it}'不相关时称为随机效应模型，此时最小二乘估计量是一致的但不是有效估计量。至于究竟选择固定效应模型还是选择随机效应模型，需要根据Hausman检验判断。

Hausman检验的原假设为：个体特征v_i与解释变量x_{it}不相关，如果拒绝了原假设，则检验的结果支持备择假设，选择固定效应模型；如果不能拒绝原假设，则选择随机效应模型。

面板数据模型固然有其优点，但并不能由此认为，面板数据模型一定优于截面数据模型和时间序列模型，尤其在数据量较少的情况下，利用面板数据模型则容易产生严重的多重共线性，而将截面数据和时间序列结合起来的混合回归模型有时效果更好。混合回归模型假定模型中的个体效应v_i为0，可以直接利用最小二乘估计得到模型参数。本研究中同时选择面板数据模型和混合回归模型检验人力资本对经济增长质量的影响，结果更具有稳健性。

第二节 变量的设定与统计描述

一、变量的设定

（一）被解释变量

经济增长质量（*QEG*）是本研究的核心变量，各地区经济增长质量利用前文构建的评价指标体系，采用熵权Topsis方法得到，经济增长质量又细分为经济增长条件（*CEG*）、经济增长过程（*PEG*）和经济增长结果（*REG*）3个维度。

（二）核心解释变量

人力资本（*hum*）是本研究的核心解释变量，采用平均受教育年限来表示，如前文所述，将受教育人口分为未上过学、小学、初中、高中、大专及以上，对应的受教育年限分别为0年、6年、9年、12年、16年，以各学历人口占总人口的比重为权重，将各学历受教育年限加权平均得到。

（三）控制变量

（1）物质资本水平（*fa*）。资本是经济增长的主要因素，但固定资产投资过多也会使经济增长过度依赖投资。本书采用较为普遍的永续存盘法计算各省资本存量（K），计算公式为：

$$K_t = \frac{I_t}{p_t} + (1-\delta)K_{t-1} \qquad (5-2)$$

其中，K_t 和 I_t 为第 t 年的资本存量和固定资产投资额，K_{t-1} 为第 $t-1$ 年的资本存量，δ 为折旧率，已有研究大多将折旧率确定为5%，本研究也采用这一做法，P_t 为第 t 年的价格指数，考虑到各省大小的差异，用人均资本存量代表物质资产水平。

（2）政府干预（gov）。政府干预会通过财政政策和货币政策调控经济增长，也会通过政府转移支付影响收入分配，从而对经济增长质量产生影响，采用地方财政支出占GDP的比重来衡量。

（3）城镇化水平（urb）。随着农村人口向城市转移，有利于产业结构升级，从而对经济增长质量产生影响，采用城镇人口占总人口的比重计算得出。

（4）市场化水平（mp）。市场化提高能够提升资源配置效率，从而对经济增长质量产生影响，采用王小鲁等编著的《中国分省市市场化指数报告（2016）》中测算的市场化指数，作为地区市场化水平的度量。由于报告中只有2008—2014年的数据，2015—2017年的市场化水平根据以前各年的增长率推算得出。

（5）抚养比（dr）。抚养比会改变劳动力的工作时间和工作效率，从而对经济增长数量产生影响，进而影响经济增长质量，用少年和老年人口抚养比求和得出。

（6）外商直接投资（fdi）。外商直接投资能够带来国外新的技术和生产工艺及先进的管理经验，但过度依赖外商直接投资也会对本土的一些企业产生不利影响，进而影响到就业等其他领域，从而对经济增长质量产生影响。采用外商实际投资额（采用人民币汇率进行了换算）占GDP的比重来衡量外商投资水平。

（7）基础设施（inf）。良好的基础设施是经济增长的必然要求，尤其公路和铁路的建设不但有利于经济增长数量,同时也给人们的生活带来了很多便利,从而影响经济增长质量,用单位面积的公路和铁路里程数之和来表示。由于西藏和港澳台地区部分数据缺失,予以剔除。最终选取2008—2017年中国30个省、自治区、直辖市为研究样本,分析人力资本对经济增长质量的影响。本研究的数据来自《中国统计年鉴》《中国科技统计年鉴》《中国能源统计年鉴》《中国劳动和就业统计年鉴》及各省统计年鉴。

二、描述性统计分析

变量的描述性统计如表5-1所示。在回归分析前需要通过散点图对解释变量与被解释变量的大体趋势进行判断,从而为计量模型的建立提供依据,描述性统计分析结果如图5-1、图5-2、图5-3和图5-4所示。

表5-1 变量的描述性统计

变量	均值	标准差	最小值	最大值
QEG	0.323 6	0.117 2	0.180 8	0.762 9
CEG	0.241 9	0.147 9	0.073 5	0.767 6
PEG	0.251 5	0.145 66	0.101 1	0.837 8
REG	0.559 6	0.096 6	0.325 2	0.853 7
hum	8.92	0.945 3	6.76	12.50
fa	11.38	6.11	2.18	33.37
gov	0.233 3	0.098 5	0.087 4	0.626 9
urb	0.547 2	0.132 1	0.291 2	0.896 1
mp	6.36	1.90	2.35	10.94
dr	0.357 4	0.063 9	0.190 0	0.520 0
fdi	0.022 0	0.017 0	0.000 4	0.081 9
inf	0.914 0	0.498 0	0.080 8	2.19

数据来源:《中国统计年鉴》《中国科技统计年鉴》《中国能源统计年鉴》《中国劳动和就业统计年鉴》及各省统计年鉴、《中国分省市市场化指数报告(2016)》,经过计算得出。

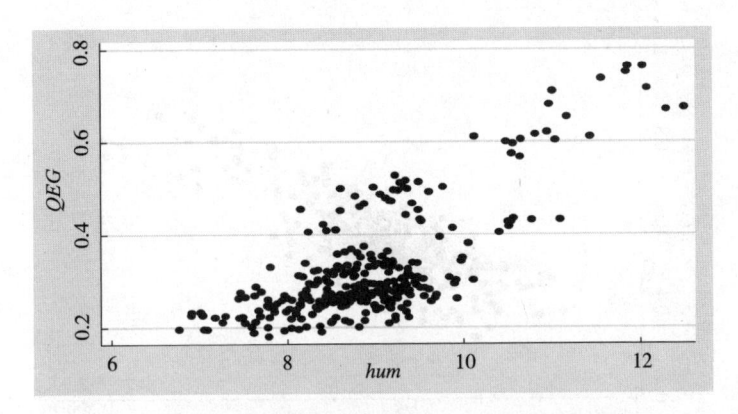

图5-1 经济增长质量与人力资本散点图

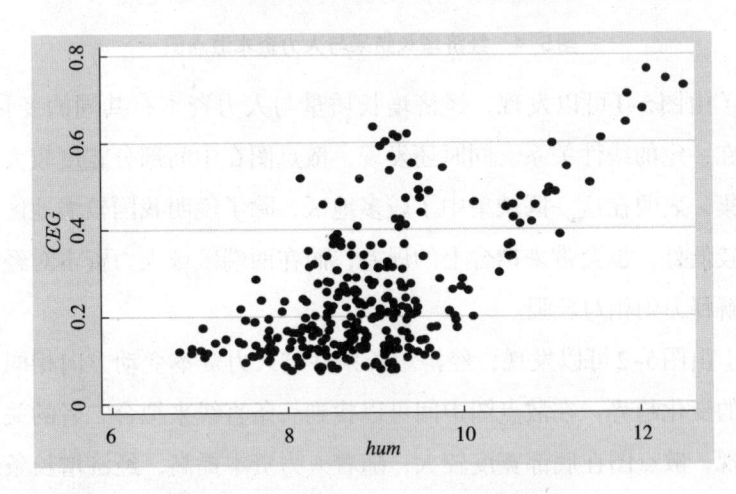

图5-2 经济增长条件与人力资本散点图

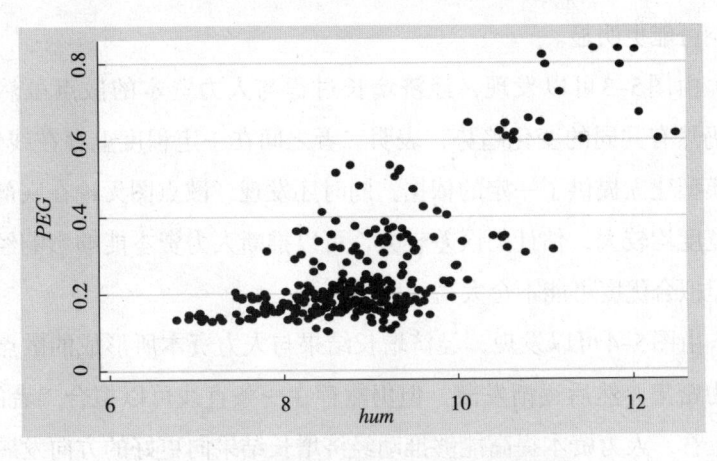

图5-3 经济增长过程与人力资本散点图

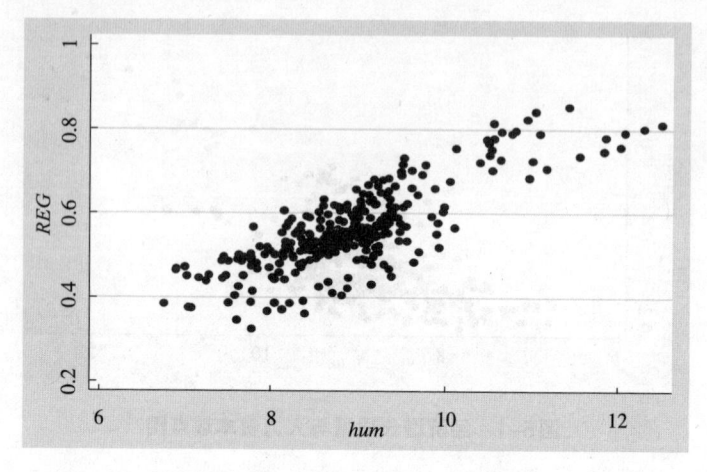

图5-4　经济增长结果与人力资本散点图

（1）由图5-1可以发现，经济增长质量与人力资本有共同的变化趋势，二者存在一定的线性关系。同时还发现，散点图在中间部分宽度较大，点也比较密集，表明在这一区域集中了较多地区，除了说明我国较多地区经济增长质量较低外，也会带来拟合上的误差，而在两端区域人力资本对经济增长质量的解释力则相对较强。

（2）由图5-2可以发现，经济增长条件与人力资本变动方向相同，二者有共同的变化趋势，在散点图中间可以找到一条直线来拟合二者的关系。同时还发现，散点图在底部宽度较大，随着人力资本提高，经济增长条件开始集中，散点图宽度变小，估计的误差变小，表明高级人力资本对经济增长条件的影响可能更明显。

（3）由图5-3可以发现，经济增长过程与人力资本的散点虽然比较分散，但仍然有共同的变化趋势，表明二者之间在一定程度上存在线性关系，从而为模型建立提供了一定的依据。同时还发现，散点图无论在底部还是在顶部，宽度均较大，估计的误差较大，可以推断人力资本能够影响经济增长过程，但拟合优度可能不会太高。

（4）由图5-4可以发现，经济增长结果与人力资本所形成的散点图虽然开始较为密集，然后逐渐发散，但仍然存在一条直线可以拟合二者的关系。从趋势上看，人力资本提高能够推动经济增长结果向更好的方向发展。同时还发现，散点图无论在底部还是在顶部，宽度均较小，估计的误差较小，可以推断人力资本是影响经济增长结果的主要因素。

第三节 实证结果分析

一、人力资本对经济增长质量的影响

由于经济系统具有惯性，指标间变动在相当大程度上具有一致性，模型容易产生多重共线性，所以逐个引入解释变量，找出最优的拟合结果，但由于篇幅有限，只报告主要解释变量人力资本和引入控制变量后的模型的最终检验结果，从而分析人力资本对经济增长质量的影响。

（一）模型的设定

为了考察不同人力资本对经济增长质量的影响，本节构建了面板数据模型和混合回归模型：

$$QEG_{it} = \beta_0 + \beta_1 hum_{it} + \delta Control_{it} + v_i + \varepsilon_{it} \qquad (5-3)$$

其中，i 表示省份；t 表示年份；QEG 为被解释变量，表示经济增长质量；hum 代表人力资本，是本文的核心解释变量；$Control$ 为控制变量，主要包括物质资本水平（fa）、政府干预（gov）、城镇化水平（urb）、市场化水平（mp）、抚养比（dr）、外商直接投资（fdi）、基础设施（inf），β_0、β_1 和 δ 为参数，v_i 为不随时间而变的个体效应，ε_{it} 为随个体与时间变化的随机扰动项。

如果在模型（5-3）中假定个体效应为0，则变为混合回归模型：

$$QEG_{it} = \beta_0 + \beta_1 hum + \delta Control_{it} + \varepsilon_i \qquad (5-4)$$

（二）人力资本对经济增长质量的回归结果

本节分别选择混合回归模型、固定效应模型、随机效应模型考察人力资本对经济增长质量的影响，由于经济系统具有惯性，指标间的变动往往具有一致性，模型容易产生多重共线性，方差膨胀因子法（VIF）也证实了这个推测。通过简单的计算可以得出混合回归模型的VIF最大值为11.48，固定效应模型和随机效应模型的VIF值均为206.29，即存在严重的多重共线性。所以，本节引入解释变量，限于篇幅，各模型只报告第一步和最后一步的结果，如表5-2所示。从拟合优度来看，各模型的拟合优度均较好，相比之下混合回归模型优于其他两种模型。虽然通过Hausman检验可以确定选择固定效应模型和随机效应模型，但为了作对比分析，本节同时列出了两种模型的估计结果。模型（1）仅检验人力资本与经济增长质量的关系，结果表明在1%的显著性水平下，人力资本与经济增长质量存在显著正相关，人力资本每提高1个单位，经济增长质量提高0.0927个单位。模型（2）为最终模型结果，与模型（1）相比，加入其他控制变量后，模型的拟合优度获得明显提高，人力资本的回归系数为0.0558，在1%的显著性水平下通过检验。模型（3）—（4）为固定效应检验结果：模型（3）的结果表明在1%的显著性水平下，人力资本对经济增长质量的影响显著，人力资本每提高1个单位，经济增长质量提高0.0361个单位；模型（4）中继续引入其他控制变量，人力资本的回归系数为0.0107，在1%的显著性水平下通过检验。模型（5）—（6）为随机效应检验结果：模型（5）的结果表明在1%的显著性水平下，人力资本对经济增长质量的影响显著，人力资本每提高1个单位，经济增长质量提高0.0377个单位；模型（6）中继续引入其他控制变量，人力资本的回归系数为0.0144，在1%的显著性水平下通过检验。从模型（1）—（6）的结果可以看出，人力资本与经济增长质量呈显著正相关，而且发现引入其他控制变量后人力资本的回归系数明显变小，说明除人力资本外，经济增长质量还受其他因素的影响。下面统一分析控制变量对经济增长质量的影响。

综合模型（2）、模型（4）和模型（6）的研究结果发现，物质资本水平对经济增长质量的影响显著为负，可能是由于固定资产过多，会使经济增长过度依赖投资，不利于经济结构调整，从而对经济增长质量产生消极影响；地方财政支出增加对经济增长质量产生积极影响，表明适当的政府干预对经济增长质量有积极影响；市场化与经济增长质量呈显著正相关，说明提高市场信息透明度有利于经济增长质量提高；抚养比对经济增长质量显著为负，导致这一现象的原因可能是儿童的抚养和老年人的赡养，给劳动力造成较大负担，影响了生产率的提高；基础设施的完善有利于经济增长质量的提高，可能的原因是公路和铁路网的不断完善，降低了企业的生产成本，提高了生产效率；城镇化水平和外商直接投资对经济增长质量的影响不显著。

表5-2 人力资本对经济增长质量影响的回归结果

变量	混合回归		固定效应		随机效应	
	模型（1）	模型（2）	模型（3）	模型（4）	模型（5）	模型（6）
hum	0.092 7*** (19.44)	0.055 8*** (9.15)	0.036 1*** (14.44)	0.010 7*** (2.73)	0.037 7*** (14.87)	0.014 4*** (4.12)
fa		−0.007 2*** (−8.73)				
gov		0.455 2*** (9.17)		0.074 4* (1.84)		
urb						
mp		0.047 3*** (13.34)		0.008 3*** (3.73)		0.008 9*** (4.04)
dr		−0.453 1*** (−6.75)		−0.121 9*** (−2.68)		−0.161 1*** (−3.53)
fdi						
inf		0.024 7** (2.41)		0.071 6*** (3.64)		0.076 2*** (4.59)
cons	−0.502 6*** (−11.76)	−0.359 4*** (−5.47)	0.001 9 (0.09)	0.135 9*** (4.46)	−0.012 9 (−0.49)	0.126 4*** (3.93)
R^2	0.559 0	0.802 8	0.436 8	0.553 7	0.436 8	0.546 8
N	300	300	300	300	300	300

注：*、**、***分别表示在10%、5%和1%的水平下显著，括号内为检验统计量值。
数据来源：《中国统计年鉴》《中国科技统计年鉴》《中国能源统计年鉴》《中国劳动和就业统计年鉴》及各省统计年鉴、《中国分省市市场化指数报告（2016）》，经过计算得出。

随着我国经济总量的不断提高，我国经济增长质量整体上也获得较大改善，但由于地区间经济发展不均衡，尤其是资源禀赋上的巨大差异，地区间经济增长质量存在较大差距，如前文所述，整体来看，东部地区经济增长质量较高，中部地区次之，西部地区则较弱。为此，本节按照东、中、西的地域划分将样本分为三组①,采用固定效应模型分别考察人力资本对经济增长质量的影响,并对结果进行对比分析,具体结果如表5-3所示。

表5-3 分地区人力资本对经济增长质量影响的回归结果

变量	东部		中部		西部	
	模型(1)	模型(2)	模型(3)	模型(4)	模型(5)	模型(6)
hum	0.030 9*** (6.33)	0.015 9* (1.93)	0.040 8*** (10.80)	0.007 3** (2.04)	0.037 9*** (9.79)	0.007 7* (1.74)
fa						0.002 2*** (5.18)
gov				0.351 2*** (5.48)		
urb						
mp		0.009 7*** (2.69)		0.008 7*** (4.11)		0.011 5*** (4.36)
dr		−0.255 4*** (−3.46)				
fdi				1.272 0*** (3.87)		
inf						
$cons$	0.135 8*** (2.93)	0.283 5*** (4.58)	−0.085 4** (−2.54)	0.057 2** (2.45)	−0.064 0* (−1.99)	0.108 0*** (3.13)
R^2	0.290 5	0.387 4	0.621 7	0.879 0	0.494 7	0.735 6
N	110	110	80	80	110	110

注:*、**、***分别表示在10%、5%和1%的水平下显著,括号内为检验统计量值。

数据来源:《中国统计年鉴》《中国科技统计年鉴》《中国能源统计年鉴》《中国劳动和就业统计年鉴》及各省统计年鉴、《中国分省市市场化指数报告(2016)》,经过计算得出。

模型(1)—(2)报告了人力资本对东部地区经济增长质量的影响,结果显示人力资本对经济增长质量存在显著的正向影响,但随着控制变量的引入,模型显著性从1%降为10%。模型(3)—(4)报告了人力资本对中

---

① 东、中、西部划分标准来源于《中国卫生健康统计年鉴》,东部地区包含11个省、直辖市,中部地区包含8个省,西部地区包含12个省、自治区、直辖市,但西藏地区数据缺失,实际用于分析的是11个地区,下同。

部地区经济增长质量的影响，结果显示人力资本与经济增长质量呈显著正相关，但随着控制变量的引入，模型显著性从1%降为5%。模型（5）—（6）报告了人力资本对西部地区经济增长质量的影响，结果显示人力资本提高能够显著提高经济增长质量，但随着控制变量的引入，模型显著性从1%降为10%。整体来看，东、中、西部地区人力资本均与经济增长质量之间存在显著线性关系，但加入控制变量后显著性都在一定程度上下降，说明模型依然存在一定程度的多重共线性。从模型整体拟合优度来看，中、西部地区的拟合优度明显高于东部地区，可能的原因是：东部地区经济发展较好，经济增长质量整体较高，但地区之间经济增长质量差异也较大，降低了模型的解释力，而中、西部地区虽然经济增长质量整体水平较低，但地区间经济增长质量差异比较接近，尤其中部地区更加接近，模型的拟合优度较高。从人力资本对经济增长质量影响程度来看，东部地区人力资本每提高1个单位，经济增长质量提高0.015 9个单位；中部地区人力资本每提高1个单位，经济增长质量提高0.007 3个单位；西部地区人力资本每提高1个单位，经济增长质量提高0.007 7个单位。东部地区人力资本对经济增长质量的影响程度明显高于中、西部地区，可能的原因是：东部地区因经济发展较好，吸引了大量人才流入，人才的集聚有利于创新能力的提升，产业结构的优化，生产效率的提高，从而带动经济增长质量的影响更大。

随着经济社会的不断进步，人力资本对经济增长质量作用可能带有趋势性变化，为了进一步考察不同时期人力资本对经济增长质量影响是否存在差异，将样本期划分为两个相等的阶段，第一阶段为2008—2012年，第二阶段为2013—2017年，结果如表5-4和表5-5所示。

表5-4 2008—2012年人力资本对经济增长质量影响的回归结果

变量	混合回归 模型（1）	混合回归 模型（2）	固定效应 模型（3）	固定效应 模型（4）	随机效应 模型（5）	随机效应 模型（6）
hum	0.095 4*** （13.29）	0.031 5*** （3.49）	0.020 7*** （5.56）	0.008 2** （2.30）	0.024 8*** （6.34）	0.007 6* （1.96）
fa		−0.012 3*** （−6.22）				
gov		0.403 3*** （5.84）				
urb		0.697 3*** （8.41）				
mp		0.047 7*** （9.95）		0.020 1*** （5.84）		0.022 0*** （6.06）
dr						
fdi		−1.060 0*** （−3.80）		−0.726 4** （−2.32）		
inf						0.064 2*** （3.01）
cons	−0.513 0*** （−8.25）	−0.565 9*** （−7.61）	0.130 8*** （4.08）	0.139 4*** （4.43）	0.095 0** （2.57）	0.061 2** （1.98）
R^2	0.544 0	0.860 1	0.206 5	0.452 2	0.206 5	0.445 3
N	150	150	150	150	150	150

注：*、**、***分别表示在10%、5%和1%的水平下显著，括号内为检验统计量值。
数据来源：《中国统计年鉴》《中国科技统计年鉴》《中国能源统计年鉴》《中国劳动和就业统计年鉴》及各省统计年鉴、《中国分省市市场化指数报告（2016）》，经过计算得出。

表5-5 2013—2017年人力资本对经济增长质量影响的回归结果

变量	混合回归 模型（1）	混合回归 模型（2）	固定效应 模型（3）	固定效应 模型（4）	随机效应 模型（5）	随机效应 模型（6）
hum	0.099 6*** （14.58）	0.031 9*** （4.13）	0.010 0 （1.30）	−0.012 1 （−1.55）	0.028 8*** （3.82）	0.015 7* （1.80）
fa		−0.007 9*** （−9.51）		0.003 1*** （5.40）		0.001 1* （1.77）

续 表

变量	混合回归		固定效应		随机效应	
	模型（1）	模型（2）	模型（3）	模型（4）	模型（5）	模型（6）
gov		0.328 5*** (5.73)		0.179 3** (2.29)		
urb		0.591 1*** (7.24)				
mp		0.029 8*** (7.45)		−0.009 4** (−2.39)		0.007 0* (1.68)
dr						
fdi						
inf						
cons	−0.579 6*** (−9.17)	−0.466 6*** (−8.13)	0.245 8*** (3.46)	0.423 1*** (6.27)	0.073 2 (1.03)	0.127 5* (1.71)
R^2	0.589 7	0.882 4	0.014 0	0.301 9	0.014 0	0.111 4
N	150	150	150	150	150	150

注：*、**、***分别表示在10％、5％和1％的水平下显著，括号内为检验统计量值。

数据来源：《中国统计年鉴》《中国科技统计年鉴》《中国能源统计年鉴》《中国劳动和就业统计年鉴》及各省统计年鉴、《中国分省市市场化指数报告（2016）》，经过计算得出。

由表5-4可知，模型（1）—（6）的结果显示在1％显著性水平下，人力资本与经济增长质量均存在显著正相关，随着控制变量的引入，系数的显著性有所降低。由表5-5可知，模型（1）—（6）的结果显示混合回归模型和随机效应模型中人力资本与经济增长质量均存在显著正相关，随着控制变量的引入，系数的显著性有所降低。固定效应模型中人力资本对经济增长质量的影响不显著，可能的原因是由于样本数目较少，产生的多重共线性所致。从影响程度上来看，混合回归模型的结果显示，2008—2012年人力资本每提高1个单位，经济增长质量提高0.031 5个单位，2013—2017年人力资本每提高1个单位，经济增长质量提高0.031 9个单位；随机效应模型的结果显示，2008—2012年人力资本每提高1个单位，经济增长质量提高0.007 6个单位，2013—2017年人力资本每提高1个单位，经济增长质量提高0.015 7

个单位,反映出随着时间推移,人力资本对经济增长质量的影响明显增强。可能的原因是,随着经济的不断发展和收入水平的不断提高,我国教育环境和师资水平都获得大幅提高,人力资本的质量获得提升加大了对经济增长质量的影响;此外,近年来我国在宏观政策上大力支持数量型经济增长向质量型经济增长方向转变,为经济增长质量提高创造了有利条件,所以人力资本对经济增长质量的影响逐渐增强。

二、人力资本对经济增长条件的影响

(一)模型的设定

为了考察不同人力资本对经济增长条件的影响,本章构建了面板数据模型和混合回归模型。面板数据模型为:

$$CEG_{it} = \beta_0 + \beta_1 hum_{it} + \delta Control_{it} + v_i + \varepsilon_{it} \qquad (5-5)$$

式中:i 表示省份;t 表示年份;CEG 为被解释变量,表示经济增长条件;hum 代表人力资本是本文的核心解释变量;$Control$ 为控制变量,主要包括物质资本水平(fa)、政府干预(gov)、城镇化水平(urb)、市场化水平(mp)、抚养比(dr)、外商直接投资(fdi)、基础设施(inf);β_0、β_1 和 δ 为参数;v_i 为不随时间而变的个体效应;ε_{it} 为随个体与时间变化的随机扰动项。

如果在模型(5-5)中假定个体效应为0,则变为混合回归模型:

$$CEG_{it} = \beta_0 + \beta_1 hum + \delta Control_{it} + \varepsilon_i \qquad (5-6)$$

(二)人力资本对经济增长条件的回归结果

首先采用固定效应模型实证检验人力资本对全国以及东、中、西部地区经济增长条件的影响,并对影响的程度进行对比分析;然后分别采用混合回归模型、固定效应模型、随机效应模型对人力资本影响经济增长条件的程度进行分阶段对比分析。不同地区人力资本对经济增长条件的影响结果如表5-6所示。

表5–6 人力资本对经济增长条件影响的回归结果

变量	全国 模型（1）	全国 模型（2）	东部 模型（3）	东部 模型（4）	中部 模型（5）	中部 模型（6）	西部 模型（7）	西部 模型（8）
hum	0.0710*** (13.78)	0.0191** (2.27)	0.1166*** (10.06)	0.0313* (1.73)	0.0817*** (8.26)	0.0394*** (3.00)	0.0476*** (6.99)	0.0170** (2.57)
fa		−0.0019** (−2.29)						
gov		0.2077** (2.25)						
urb								
mp		0.0375*** (7.76)		0.0464*** (5.81)		0.0169** (2.30)		0.0346*** (7.88)
dr				−0.3311** (−2.04)				
fdi						4.1200*** (3.21)		
inf		0.1023** (2.41)						
Cons	−0.4711*** (−9.10)	−0.2877*** (−4.69)	−0.7583*** (−6.87)	−0.2010 (−1.52)	−0.5297*** (−6.02)	−0.3478*** (−3.89)	−0.2310*** (−4.07)	−0.1455*** (−3.17)
R^2	0.4139	0.6111	0.5079	0.6366	0.4903	0.6323	0.3330	0.5934
N	300	300	110	110	80	80	110	110

注：*、**、***分别表示在10%、5%和1%的水平下显著，括号内为检验统计量值。

数据来源：《中国统计年鉴》《中国科技统计年鉴》《中国能源统计年鉴》《中国劳动和就业统计年鉴》及各省统计年鉴、《中国分省市市场化指数报告（2016）》，经过计算得出。

表5-6分地区报告了人力资本对经济增长条件的影响，模型（1）—（2）的结果显示，人力资本对中国经济增长条件有显著的正向影响，引入控制变量后模型显著性有所下降，但在5%显著性水平下二者依然存在显著的线性关系；模型（3）—（4）的结果显示，人力资本的提高有利于东部地区经济增长条件的改善，引入控制变量后模型显著性有所下降，但在10%显著性水平下二者线性关系依然显著；模型（5）—（6）的结果显示，人力资本对中部地区经济增长条件有积极影响，加入控制变量后影响依然显著；模型（7）—（8）结果显示，人力资本对西部地区经济增长条件有显著的积极影响，加入控制变量后显著性有所降低但依然显著。从人力资本对经济增长

条件影响程度来看，人力资本在全国与东、中、西部地区的回归系数分别为 0.019 1、0.031 3、0.039 4 和 0.017 0。西部地区人力资本对经济增长条件的影响明显低于东、中部地区。可能的原因是，西部地区经济发展较为落后，劳动力收入水平较低，而且自然条件相对较差，从而对高技能人才缺乏吸引力，高技能人才的不足，导致技术创新能力不强，所以人力资本对经济增长条件的影响较小。

为了进一步考察不同时间段人力资本对经济增长条件的影响，将样本期划分为两个相等的阶段，第一阶段为2008—2012年，第二阶段为2013—2017年，结果如表5-7和表5-8所示。

表5-7　2008—2012年人力资本对经济增长条件影响的回归结果

变量	混合回归		固定效应		随机效应	
	模型（1）	模型（2）	模型（3）	模型（4）	模型（5）	模型（6）
hum	0.085 9*** （9.02）	0.022 2** （2.17）	0.053 5*** （5.28）	0.019 7** （2.02）	0.060 0*** （6.49）	0.021 2** （2.45）
fa						
gov		0.574 9*** （6.54）				
urb						
mp		0.086 1*** （14.26）		0.054 3*** （5.77）		0.051 8*** （6.46）
dr		−0.262 3** （−2.06）				
fdi		−1.020 0*** （−2.69）		−2.030 0** （−2.37）		−1.420 0** （−2.50）
inf						0.071 2** （2.01）
cons	−0.528 2*** （−6.39）	−0.483 9*** （−3.91）	−0.248 4*** （−2.84）	−0.222 1** （−2.59）	−0.304 7*** （−3.72）	−0.296 3** （−4.41）
R^2	0.354 6	0.752 0	0.189 6	0.438 5	0.189 6	0.456 5
N	150	150	150	150	150	150

注：*、**、***分别表示在10%、5%和1%的水平下显著，括号内为检验统计量值。

数据来源：《中国统计年鉴》《中国科技统计年鉴》《中国能源统计年鉴》《中国劳动和就业统计年鉴》及各省统计年鉴、《中国分省市市场化指数报告（2016）》，经过计算得出。

表5-8　2013—2017年人力资本对经济增长条件影响的回归结果

变量	混合回归		固定效应		随机效应	
	模型（1）	模型（2）	模型（3）	模型（4）	模型（5）	模型（6）
hum	0.108 9*** （9.38）	0.027 9** （2.36）	0.050 8*** （3.60）	0.026 0* （1.91）	0.064 1*** （5.09）	0.022 6* （1.80）
fa		−0.005 7*** （−4.01）				
gov		0.598 1*** （5.95）		0.753 5*** （5.24）		
urb						
mp		0.082 6*** （14.22）				0.026 8*** （4.19）
dr		−0.335 7** （−2.47）				
fdi						
inf						0.085 9** （2.33）
$cons$	−0.731 8*** （−6.81）	−0.500 8*** （−3.75）	−0.197 1 （−1.52）	−0.156 4 （−1.533）	−0.319 5*** （−2.70）	−0.206 9** （−2.00）
R^2	0.372 7	0.773 7	0.098 3	0.268 3	0.098 3	0.279 5
N	150	150	150	150	150	150

注：*、**、***分别表示在10%、5%和1%的水平下显著，括号内为检验统计量值。

数据来源：《中国统计年鉴》《中国科技统计年鉴》《中国能源统计年鉴》《中国劳动和就业统计年鉴》及各省统计年鉴、《中国分省市市场化指数报告（2016）》，经过计算得出。

由表5-7和表5-8可知，在10%显著性水平下，两个阶段的模型（1）—（6）的结果均显示人力资本对经济增长条件有显著的正向影响。从影响程度上来看，混合回归模型的结果显示，2008—2012年人力资本每提高1个单位，经济增长条件提高0.022 2个单位，2013—2017年人力资本每提高1个单位，经济增长条件提高0.027 9个单位；固定效应模型的结果显示，2008—2012年人力资本每提高1个单位，经济增长条件提高0.019 7个单位，2013—2017年人力资本每提高1个单位，经济增长条件提高0.026 0个单位；随机效应模型的结果显示，2008—2012年人力资本每提高1个单位，经济增长条件提高0.021 2个单位，2013—2017年人力资本每提高1个单位，经济增长条件提高0.022 6个单位，反映出随着时间推移，人力资本对经济增长条件的影响程度有显著提高。可能的原因是，我国人力资本在时间上呈现单调上升趋势，人力资本是技术创新的核心动力，尤其是高级人力资本所占比重的提高，导致后一阶段人力资本对经济增长条件的影响明显增强。

三、人力资本对经济增长过程的影响

（一）模型的设定

为了考察不同人力资本对经济增长过程的影响，本文构建了面板数据模型和混合回归模型。面板数据模型为：

$$PEG_{it} = \beta_0 + \beta_1 hum_{it} + \delta Control_{it} + v_i + \varepsilon_{it} \qquad (5-7)$$

式中：i 表示省份；t 表示年份；PEG 为被解释变量，表示经济增长过程；hum 代表人力资本是本文的核心解释变量；$Control$ 为控制变量，主要包括物质资本水平（fa）、政府干预（gov）、城镇化水平（urb）、市场化水平（mp）、抚养比（dr）、外商直接投资（fdi）、基础设施（inf）；β_0、β_1 和 δ 为参数；v_i 为不随时间而变的个体效应；ε_{it} 为随个体与时间变化的随机扰动项。

如果在模型（5-7）中假定个体效应为0，则变为混合回归模型：

$$PEG_{it} = \beta_0 + \beta_1 hum_{it} + \delta Control_{it} + \varepsilon_{it} \qquad (5-8)$$

（二）人力资本对经济增长过程的回归结果

本文首先采用固定效应模型实证检验人力资本对全国以及东、中、西部地区经济增长过程的影响，并对影响的程度进行对比分析；然后分别采用混合回归模型、固定效应模型、随机效应模型对人力资本影响经济增长过程的程度进行分阶段对比分析。不同地区人力资本对经济增长过程的影响结果如表5-9所示。

表5-9 人力资本对经济增长过程影响的回归结果

变量	全国 模型(1)	全国 模型(2)	东部 模型(3)	东部 模型(4)	中部 模型(5)	中部 模型(6)	西部 模型(7)	西部 模型(8)
hum	0.010 8*** (2.66)	0.013 2** (2.15)	0.023 3*** (−2.67)	0.025 6*** (−2.74)	0.026 7*** (5.19)	0.018 5*** (3.30)	0.031 0*** (7.16)	0.014 6** (2.34)
fa								
gov								0.172 9*** (3.07)
urb								
mp		−0.012 2*** (−3.27)						0.008 5** (2.45)
dr				−0.427 7*** (−3.39)				
fdi				−0.707 9** (−2.18)		1.990 0*** (2.98)		
inf		0.098 2*** (2.80)						
Cons	0.155 1*** (4.26)	0.121 6*** (3.03)	0.604 3*** (7.27)	0.788 4*** (8.34)	−0.050 8 (−1.11)	−0.021 1 (−0.47)	−0.090 7** (−2.51)	−0.050 3 (−1.39)
R^2	0.025 5	0.066 7	0.067 7	0.207 0	0.275 0	0.356 8	0.343 6	0.419 5
N	300	300	110	110	80	80	110	110

注：*、**、***分别表示在10%、5%和1%的水平下显著，括号内为检验统计量值。

数据来源：《中国统计年鉴》《中国科技统计年鉴》《中国能源统计年鉴》《中国劳动和就业统计年鉴》及各省统计年鉴、《中国分省市市场化指数报告（2016）》，经过计算得出。

表5-9分地区报告了人力资本对经济增长过程的影响，模型（1）—（2）报告了人力资本对全国经济增长过程的影响，结果显示人力资本对经济增长过程存在显著的正向影响，但模型的拟合优度较低，加入其他控制变量后拟合优度有所提高。模型（3）—（4）报告了人力资本对东部地区经济增长过程的影响，结果显示人力资本对经济增长过程有明显的抑制作用，可能的原因是，东部地区包含京津冀、长三角、珠三角等，高素质人力资本大量集聚，同质性人力资本较多，人力资本过剩的同时也使经济结构的匹配度较

差，所以对经济增长过程有消极影响。模型（5）—（6）报告了人力资本对中部地区经济增长过程的影响，结果显示人力资本与经济增长过程呈显著正相关。模型（7）—（8）报告了人力资本对西部地区经济增长过程的影响，结果显示人力资本对经济增长过程有促进作用。从人力资本对经济增长过程影响程度来看，人力资本在全国与东、中、西部地区的回归系数分别为0.013 2、-0.025 6、0.018 5和0.014 6。中部地区人力资本对经济增长过程的影响明显高于其他地区，可能的原因是，我国中部地区是中华古文化的摇篮，也是近代文明的基地，对教育的重视程度较高，人力资本和经济结构融合度较好，所以人力资本对经济增长过程影响最大。西部地区人力资本对经济增长过程有积极影响，西部地区地广人稀，物质资源丰富，基础教育落后，经济结构的转型升级需要与人力资本的提高相配合，所以人力资本对经济增长过程有积极影响。东部地区人才过剩，不利于经济增长过程优化，与西部地区因人才紧缺对经济增长过程积极影响形成鲜明对比，国家应出台相关政策引导人才合理流动，有利于整体经济增长过程的提高。为了进一步考察不同时间段人力资本对经济增长过程的影响，将样本期划分为两个相等的阶段，第一阶段为2008—2012年，第二阶段为2013—2017年，结果如表5-10和表5-11所示。

表5-10 2008—2012年人力资本对经济增长过程影响的回归结果

变量	混合回归		固定效应		随机效应	
	模型（1）	模型（2）	模型（3）	模型（4）	模型（5）	模型（6）
hum	0.123 2*** （12.69）	0.041 2*** （2.95）	0.007 2* （1.81）	0.007 2* （1.81）	0.011 4*** （2.62）	0.011 4*** （2.62）
fa		-0.019 9*** （-6.53）				
gov		0.605 0*** （5.65）				
urb		1.120 0*** （8.73）				
mp		0.049 3*** （6.63）				

续 表

变量	混合回归		固定效应		随机效应	
	模型（1）	模型（2）	模型（3）	模型（4）	模型（5）	模型（6）
dr						
fdi		-1.270 0*** (-2.94)				
inf						
cons	-0.816 2*** (-9.70)	-0.921 0*** (-8.00)	0.183 4*** (5.35)	0.183 4*** (5.35)	0.147 1*** (3.43)	0.147 1*** (3.43)
R^2	0.521 0	0.807 2	0.026 7	0.026 7	0.026 7	0.026 7
N	150	150	150	150	150	150

注：*、**、***分别表示在10%、5%和1%的水平下显著，括号内为检验统计量值。

数据来源：《中国统计年鉴》《中国科技统计年鉴》《中国能源统计年鉴》《中国劳动和就业统计年鉴》及各省统计年鉴、《中国分省市市场化指数报告（2016）》，经过计算得出。

表5-11 2013—2017年人力资本对经济增长过程影响的回归结果

变量	混合回归		固定效应		随机效应	
	模型（1）	模型（2）	模型（3）	模型（4）	模型（5）	模型（6）
hum	0.112 5*** (13.33)	0.030 4*** (3.14)	-0.029 9** -(2.37)	-0.040 8*** (3.08)	0.017 3 (1.46)	0.017 3 (1.46)
fa		-0.01 4*** (-12.65)				
gov		0.383 9*** (4.91)				
urb		1.300 0*** (9.68)		0.541 5*** (3.34)		
mp		0.012 4** (2.01)				
dr		0.321 8** (2.56)				
fdi						

续表

变量	混合回归		固定效应		随机效应	
	模型（1）	模型（2）	模型（3）	模型（4）	模型（5）	模型（6）
inf		−0.025 7* （−1.76）		−0.133 7* （−1.96）		
$cons$	−0.778 1*** （−9.97）	−0.833 5*** （−8.82）	0.533 4*** （4.59）	0.451 8*** （3.94）	0.098 6 （0.89）	0.098 6 （0.89）
R^2	0.545 5	0.867 1	0.045 2	0.129 0	0.045 2	0.045 2
N	150	150	150	150	150	150

注：*、**、***分别表示在10%、5%和1%的水平下显著，括号内为检验统计量值。

数据来源：《中国统计年鉴》《中国科技统计年鉴》《中国能源统计年鉴》《中国劳动和就业统计年鉴》及各省统计年鉴、《中国分省市市场化指数报告（2016）》，经过计算得出。

由表5-10可知，在1%显著性水平下，模型（1）—（6）的结果显示，人力资本对经济增长过程有显著的正向影响，混合回归模型的拟合优度较高，固定效应模型和随机效应模型的拟合优度均较低，人力资本与经济增长过程的线性关系较弱，无法引入更多的解释变量。由表5-11可知，模型（1）—（2）的结果显示，人力资本对经济增长过程有显著正向影响；模型（3）—（4）的结果显示，人力资本对经济增长过程有显著负向影响；模型（5）—（6）的结果显示，人力资本对经济增长过程影响不显著。从影响程度上来看，混合回归模型的结果显示，2008—2012年人力资本每提高1个单位，经济增长过程提高0.041 2个单位，2013—2017年人力资本每提高1个单位，经济增长过程提高0.030 4个单位；固定效应模型的结果显示，2008—2012年人力资本每提高1个单位，经济增长过程提高0.007 2个单位，2013—2017年人力资本每提高1个单位，经济增长过程降低0.040 8个单位。由表5-11还可以看出，随着时间推移，人力资本对经济增长过程的影响程度明显减弱。可能的原因是，后一阶段我国房地产价格上涨较快，资金大量流入房地产领域，对经济结构调整产生不利影响，也弱化了人力资本对经济增长过程的影响。

四、人力资本对经济增长结果的影响

（一）模型的设定

为了考察不同人力资本对经济增长结果的影响，本文构建了面板数据模型和混合回归模型。面板数据模型如下：

$$REG_{it} = \beta_0 + \beta_1 hum_{it} + \delta Control_{it} + v_i + \varepsilon_{it} \quad (5-9)$$

式中：i 表示省份；t 表示年份；REG 为被解释变量，表示经济增长结果；hum 代表人力资本是本文的核心解释变量；$Control$ 为控制变量，主要包括物质资本水平（fa）、政府干预（gov）、城镇化水平（urb）、市场化水平（mp）、抚养比（dr）、外商直接投资（fdi）、基础设施（inf）；β_0、β_1 和 δ 为参数；v_i 为不随时间而变的个体效应；ε_{it} 为随个体与时间变化的随机扰动项。

如果在模型（5-9）中假定个体效应为0，则变为混合回归模型：

$$REG_{it} = \beta_0 + \beta_1 hum_{it} + \delta Control_{it} + \varepsilon_{it} \quad (5-10)$$

（二）人力资本对经济增长结果的回归结果

本文采用固定效应模型实证检验人力资本对全国以及东、中、西部地区经济增长结果的影响，并对影响的程度进行对比分析；然后分别采用混合回归模型、固定效应模型、随机效应模型对人力资本影响经济增长结果的程度进行分阶段对比分析。不同地区人力资本对经济增长结果的影响如表5-12所示。

表5-12 人力资本对经济增长结果影响的回归结果

变量	全国		东部		中部		西部	
	模型（1）	模型（2）	模型（3）	模型（4）	模型（5）	模型（6）	模型（7）	模型（8）
hum	0.061 2*** （17.78）	0.011 3** （2.56）	0.070 2*** （12.57）	0.020 5*** （2.66）	0.050 8*** （10.28）	0.017 2*** （3.10）	0.059 5*** （9.31）	0.024 7*** （3.28）
fa		0.004 5*** （8.61）						
gov								
urb		−0.145 3** （−2.12）						

续 表

变量	全国		东部		中部		西部	
	模型（1）	模型（2）	模型（3）	模型（4）	模型（5）	模型（6）	模型（7）	模型（8）
mp		0.007 1*** （2.82）		0.020 6*** （6.03）		0.022 3*** （7.95）		0.016 0*** （2.96）
dr				0.199 9*** （2.91）				
fdi				−0.497 3*** （−2.89）				
inf		0.074 5*** （3.09）						0.166 4*** （3.19）
cons	0.013 8 （0.45）	0.374 3*** （10.84）	−0.024 3 （−0.46）	0.238 2*** （3.93）	0.084 3* （1.92）	0.243 6*** （6.44）	−0.002 8 （−0.05）	0.117 7** （2.41）
R^2	0.540 2	0.772 8	0.617 4	0.785 6	0.598 2	0.788 8	0.469 1	0.641 5
N	300	300	110	110	80	80	110	110

注：*、**、***分别表示在10%、5%和1%的水平下显著，括号内为检验统计量值。

数据来源：《中国统计年鉴》《中国科技统计年鉴》《中国能源统计年鉴》《中国劳动和就业统计年鉴》及各省统计年鉴、《中国分省市市场化指数报告（2016）》，经过计算得出。

表5-12分地区报告了人力资本对经济增长结果的影响，整体来看，模型的拟合状况较好，各模型尤其各模型加入控制变量后，拟合优度明显提高。模型（1）—（2）报告了人力资本对全国经济增长结果的影响，结果显示在5%的显著性水平下，人力资本对经济增长结果有显著的正向影响，但引入控制变量的引入模型显著性有所下降；模型（3）—（4）报告了人力资本对东部地区经济增长结果的影响，结果显示在1%的显著性水平下，人力资本对经济增长结果有积极影响；模型（5）—（6）报告了人力资本对中部地区经济增长结果的影响，结果显示在1%的显著性水平下，人力资本与经济增长结果有积极影响；模型（7）—（8）报告了人力资本对西部地区经济增长结果的影响，结果显示在1%的显著性水平下，人力资本对经济增长结果有积极影响。从人力资本对经济增长结果的影响程度来看，西部地区人力资本对经济增长结果的影响明显高于东、中部地区。可能的原因是，在西部大开发政策的宏观指引下，党和国家政府高度重视西部地区的发展，人民

福利获得较大的改善；此外，人力资本同其他物品一样也是边际效应递减的，西部地区本身人力资本匮乏，所以人力资本对经济增长结果的边际效应较大。

为了进一步考察不同时间段人力资本对经济增长结果的影响，将样本期划分为两个相等的阶段，第一阶段为2008—2012年，第二阶段为2013—2017年，结果如表5-13和表5-14所示。

表5-13　2008—2012年人力资本对经济增长结果影响的回归结果

变量	混合回归		固定效应		随机效应	
	模型（1）	模型（2）	模型（3）	模型（4）	模型（5）	模型（6）
hum	0.075 4*** （15.05）	0.021 4*** （3.20）	0.022 4*** （4.59）	0.010 4** （2.04）	0.032 3*** （6.72）	0.010 7** （2.01）
fa						
gov						−0.106 9** （−1.99）
urb		0.244 5** （4.80）				
mp		0.023 6*** （8.89）		0.022 7*** （4.81）		0.017 8*** （4.08）
dr						−0.281 5*** （−3.64）
fdi						0.548 0* （1.75）
inf						0.049 5*** （2.70）
$cons$	−0.115 5*** （−2.66）	0.087 3** （2.17）	0.341 7*** （8.12）	0.313 4** （8.02）	0.255 9*** （5.99）	0.406 6*** （6.76）
R^2	0.604 9	0.829 2	0.150 4	0.289 7	0.150 4	0.376 4
N	150	150	150	150	150	150

注：*、**、***分别表示在10%、5%和1%的水平下显著，括号内为检验统计量值。

数据来源：《中国统计年鉴》《中国科技统计年鉴》《中国能源统计年鉴》《中国劳动和就业统计年鉴》及各省统计年鉴、《中国分省市市场化指数报告（2016）》，经过计算得出。

表5-14 2013—2017年人力资本对经济增长结果影响的回归结果

变量	混合回归		固定效应		随机效应	
	模型（1）	模型（2）	模型（3）	模型（4）	模型（5）	模型（6）
hum	0.090 7*** (17.22)	0.024 0*** (3.80)	0.061 9*** (7.54)	0.023 7*** (4.12)	0.071 7*** (10.50)	0.024 6*** (5.18)
fa						0.004 0*** (11.56)
gov		−0.098 7** (−2.10)		0.187 1*** (3.27)		
urb		0.355 1*** (5.92)		0.555 4** (8.67)		
mp		0.015 2*** (4.70)		0.006 9** (2.46)		0.008 5*** (3.70)
dr						
fdi						
inf						
cons	−0.251 2*** (−5.15)	0.078 1* (1.66)	0.013 4 (0.18)	−0.048 5 (−0.96)	−0.075 6 (−1.19)	0.238 0*** (5.81)
R^2	0.667 0	0.891 6	0.323 5	0.767 5	0.323 5	0.849 1
N	150	150	150	150	150	150

注：*、**、***分别表示在10%、5%和1%的水平下显著，括号内为检验统计量值。

数据来源：《中国统计年鉴》《中国科技统计年鉴》《中国能源统计年鉴》《中国劳动和就业统计年鉴》及各省统计年鉴、《中国分省市市场化指数报告（2016）》，经过计算得出。

由表5-13和表5-14可知，在5%显著性水平下，两个阶段的模型（1）—（6）的结果均显示，人力资本对经济增长结果有显著的正向影响。从影响程度上来看，混合回归模型的结果显示，2008—2012年人力资本每提高1个单位，经济增长结果提高0.021 4个单位，2013—2017年人力资本每提高1个单位，经济增长结果提高0.024 0个单位；固定效应模型的结果显示，2008—2012年人力资本每提高1个单位，经济增长结果提高0.010 4个单位，2013—2017年人力资本每提高1个单位，经济增长结果提高0.023 7个单位；随机效应模型的结果显示，2008—2012年人力资本每提高1个单位，经济增长结果提高0.010 7个单位，2013—2017年人力资本每提高1个单位，经济增长结果提高0.024 6个单位，反映出随着时间推移，人力资本对经济增长结果的影响程度有显著提高。可能的原因是，在后一阶段我国已经开始将经济增长的重心由数量向质量转移，所以人力资本对经济增长结果影响变大。

第四节 本章小结

本章在上一章机理分析的基础上，分别构建混合回归模型、固定效应模型、随机效应模型，基于2008—2017年中国30个省、自治区、直辖市的面板数据，实证分析人力资本对经济增长质量的影响。实证结果显示，人力资本对经济增长质量及其分维度均有显著的正向影响，但在影响程度上存在时间和空间上的异质性，具体如下：

（1）人力资本对经济增长质量的影响。分地区来看，人力资本对东部地区经济增长质量的影响明显高于中、西部地区；分时间段来看，人力资本在2013—2017年对经济增长质量的影响明显高于2008—2012年，表明随着时间的推移，人力资本对经济增长质量的影响明显增强。

（2）人力资本对经济增长条件的影响。分地区来看，人力资本对西部地区经济增长条件的影响明显低于东、中部地区；分时间段来看，人力资本在2013—2017年对经济增长条件的影响明显高于2008—2012年，表明随着时间的推移，人力资本对经济增长条件作用明显增强。

（3）人力资本对经济增长过程的影响。分地区来看，人力资本对中部地区经济增长过程的影响明显高于东、西部地区；分时间段来看，人力资本在2013—2017年对经济增长过程的影响程度明显小于2008—2012年，表明随着时间的推移，人力资本对经济增长过程的影响有所减弱。

（4）人力资本对经济增长结果的影响。分地区来看，人力资本对西部地区经济增长结果的影响明显高于东、中部地区；分时间段来看，人力资本在2013—2017年对经济增长结果的影响程度明显高于2008—2012年，表明随着时间的推移人力资本对经济增长结果的作用明显增强。

本章的研究验证了人力资本对经济增长质量及其分维度的经济增长条件、经济增长过程和经济增长结果均有促进作用，但影响程度存在空间上的异质性，从而为第六章人力资本对经济增长质量的空间溢出效应的分析奠定了基础。

第六章

人力资本对中国经济增长质量的空间溢出效应分析

第五章主要讨论了人力资本对经济增长质量的影响，发现人力资本水平提高有利于经济增长质量的改善，但并没有考虑区域间的关联性。通过第四章中国经济增长质量地区分布可视图可以发现，经济增长质量具有明显的空间依赖性，高（低）经济增长质量地区相互毗邻，经济联系越紧密的地区，人力资本通过知识溢出对周边地区的影响也越明显，但人力资本不同于一般的生产要素可以在空间上自由流动，一个地区人力资本集聚，也会通过虹吸效应带来周边地区人力资本的流失，从而对周边地区经济增长质量产生不利影响，那么人力资本对经济增长质量的空间溢出效应究竟如何呢？本章将空间要素纳入分析框架，考察人力资本对经济增长质量的空间溢出效应是对前面研究的进一步深化。

第一节　经济增长质量的空间相关性检验

一、空间权重矩阵的构建

空间相关性检验是确定某一变量是否在空间上存在关联，常用莫兰指数来衡量变量间的空间相关性。空间权重矩阵是莫兰指数的基础，本文主要介绍以下3种空间权重矩阵，用以反映变量间的空间距离。

设 n 个区域的空间数据为 $\{x_i\}_{i=1}^n$，i 表示区域。记区域 i 与区域 j 之间的距离为 w_{ij}，则可定义空间权重矩阵为

$$W = \begin{bmatrix} w_{11} & \cdots & w_{1n} \\ \vdots & \ddots & \vdots \\ w_{n1} & \cdots & w_{nn} \end{bmatrix} \quad (6-1)$$

其中，主对角线元素均为0，显然空间权重矩阵为对称矩阵。最常用的距离函数为邻接距离，如果区域 i 与区域 j 相邻，则 $w_{ij}=1$；反之 $w_{ij}=0$。空间

上相邻关系可以分为以下几种。①车相邻：两个相邻的区域有共同的边。②象相邻：两个相邻的区域有共同的顶点但没有共同的边。③后相邻：两个相邻的区域有共同的边或定点。考虑到省与省的相邻更加关注的是省与省之间是否有共同的边界，所以用边相邻来衡量空间距离关系较为恰当，距离的具体构建规则如下：

$$w_{ij} = \begin{cases} 0, & \text{若地区} i \text{与地区} j \text{不相邻}; \\ 1, & \text{若地区} i \text{与地区} j \text{相邻}. \end{cases} \quad (6-2)$$

考虑到空间相邻方法较为粗糙，即使地区间同样相邻但经济增长质量的相关程度可能存在较大差异，这种相关程度可能与距离有关，理论上空间距离越近，经济增长质量往往具有更强的相关性，所以定义相邻关系的另一种方法基于区域间的地理距离，设区域i和区域j之间的距离为d_{ij}，可定义地理距离为：

$$w_{ij} = \frac{1}{d_{ij}} \quad (6-3)$$

经济增长质量的空间相关性，不但取决于相邻关系和地理上的距离，还与地区间的资源禀赋和经济发展状况有关。例如，河北与天津和内蒙古的距离较为接近，但显然河北和天津的经济密切程度高于内蒙古，所以定义经济距离的空间权重矩阵为：

$$W^* = W \times E \quad (6-4)$$

其中，W为基于地理关系的简单权重矩阵，W_{ij}为第i个城市和第j个城市间距离的倒数，E为经济距离矩阵，E_{ij}代表第i个城市和第j个城市人均GDP之差绝对值的倒数。根据距离权重矩阵的定义，W和E的主对角线元素均为0。这里，$W_{ij}^* = W_{ij} \times E_{ij}$，矩阵$W^*$为矩阵$W$和矩阵$E$对应位置元素相乘得到，并非传统意义上的矩阵乘法。

二、经济增长质量的空间相关性分析

在确定是否使用空间计量方法时，需要考察数据是否存在空间依赖性，如果数据存在空间相关性，则可以使用空间计量方法。检验空间相关性常用

的是Moran在1950年提出的莫兰指数,具体计算方法如下:

$$I = \frac{\sum_{i=1}^{n}\sum_{j=1}^{n} w_{ij}(x_i - \bar{x})(x_j - \bar{x})}{S^2 \sum_{i=1}^{n}\sum_{j=1}^{n} w_{ij}} \qquad (6-5)$$

其中,$S^2 = \dfrac{\sum_{i=1}^{n}(x_i - \bar{x})^2}{n}$ 为样本方差,n为样本容量,w_{ij}为空间权重矩阵的第i行第j列元素,度量区域i和区域j的空间距离。对于标准化的莫兰指数服从标准正态分布:

$$I^* = \frac{I - E(I)}{\sqrt{\mathrm{var}(I)}} \sim N(0,1) \qquad (6-6)$$

$$E(I) = \frac{-1}{n-1} \qquad (6-7)$$

$$\mathrm{var}(I) = \frac{n^2 s_1 - n s_2 + 3 s_0^2}{s_0^2(n^2 - 1)} \qquad (6-8)$$

其中,$s_1 = \sum_{i=1}^{n}\sum_{j=1}^{n}(w_{ij} + w_{ji})^2$,$s_0 = \sum_{i=1}^{n}\sum_{j=1}^{n} w_{ij}$,$s_2 = \sum_{i=1}^{n}(w_{i*} + w_{*i})^2$,$w_{i*}$为空间权重矩阵第$i$行元素之和,$w_{*i}$为矩阵第$i$列元素之和。

莫兰指数的取值范围为(-1,1),指数大于0表示变量间存在空间正相关,即高值与高值相邻或低值与低值相邻,指数越接近于1表明空间依赖性越强。莫兰指数小于0表示变量间存在空间负相关,即高值与低值相邻或低值与高值相邻,指数越接近-1表明空间排斥性越强。莫兰指数I的大小与空间权重矩阵的选择有关,本研究分别选择邻接距离、地理距离、经济距离3种空间权重矩阵计算莫兰指数,计算结果如表6-1所示。

表6-1　2008—2017年中国经济增长质量莫兰指数检验结果

年份	邻接距离		地理距离		经济距离	
	莫兰指数值	P值	莫兰指数值	P值	莫兰指数值	P值
2008	0.341 0	0.001 0	0.069 0	0.003 0	0.573 0	0.000 0
2009	0.335 0	0.001 0	0.065 0	0.005 0	0.523 0	0.000 0

续表

年份	邻接距离 莫兰指数值	邻接距离 P值	地理距离 莫兰指数值	地理距离 P值	经济距离 莫兰指数值	经济距离 P值
2010	0.339 0	0.001 0	0.064 0	0.006 0	0.516 0	0.000 0
2011	0.357 0	0.001 0	0.074 0	0.002 0	0.520 0	0.000 0
2012	0.363 0	0.000 0	0.076 0	0.002 0	0.519 0	0.000 0
2013	0.340 0	0.001 0	0.069 0	0.003 0	0.516 0	0.000 0
2014	0.325 0	0.001 0	0.065 0	0.005 0	0.520 0	0.000 0
2015	0.350 0	0.001 0	0.074 0	0.003 0	0.529 0	0.000 0
2016	0.333 0	0.001 0	0.073 0	0.003 0	0.544 0	0.000 0
2017	0.315 0	0.002 0	0.068 0	0.004 0	0.550 0	0.000 0

数据来源：《中国统计年鉴》《中国科技统计年鉴》《中国能源统计年鉴》《中国劳动和就业统计年鉴》及各省统计年鉴，经过计算得出。

从表6-1整体来看，经济距离的莫兰指数显著高于其他两种距离，表明经济距离能够更好地刻画经济增长质量的空间相关性。而无论采用哪种距离，2008—2017经济增长质量莫兰指数在5%显著性水平下均显著为正，说明经济增长质量表现出较强的空间依赖性，即地区间经济增长质量有明显的溢出效应。

为了进一步分析各地区经济增长质量的关系，以该地区经济增长质量指数为横坐标，以周边地区经济增长质量指数的加权平均为纵坐标，可以得到莫兰散点图及各省份分布。由于经济增长质量指数已被中心化，0作为指标高低的分界线。若散点所在的位置横坐标大于0，表明经济增长质量较高；若散点所在的位置纵坐标大于0，则表明周边地区经济增长质量较高，即第一象限点表示高经济增长质量地区被其他高经济增长质量地区包围，其他象限分析以此类推，绘制的莫兰散点图如图6-1至图6-3所示。

由莫兰散点图可知，样本点大多落于第一象限和第三象限，即高经济质量地区被高经济质量地区包围，低经济质量地区被低经济质量地区包围，经济增长质量在地区上体现出集聚特征。从直观上描述了经济增长质量具有空间正的相关性，与莫兰指数检验的结果相吻合，为下文空间计量模型构建的合理性提供了佐证。

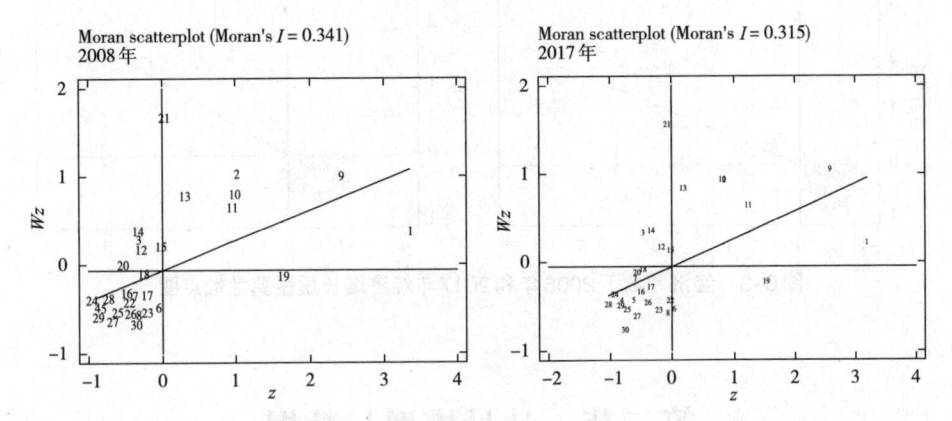

图6-1　邻接距离下2008年和2017年经济增长质量莫兰散点图

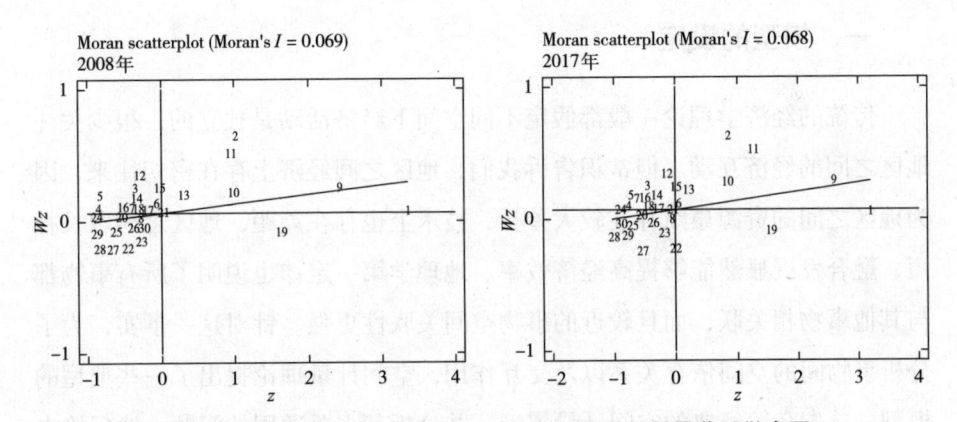

图6-2　地理距离下2008年和2017年经济增长质量莫兰散点图

图6-3 经济距离下2008年和2017年经济增长质量莫兰散点图

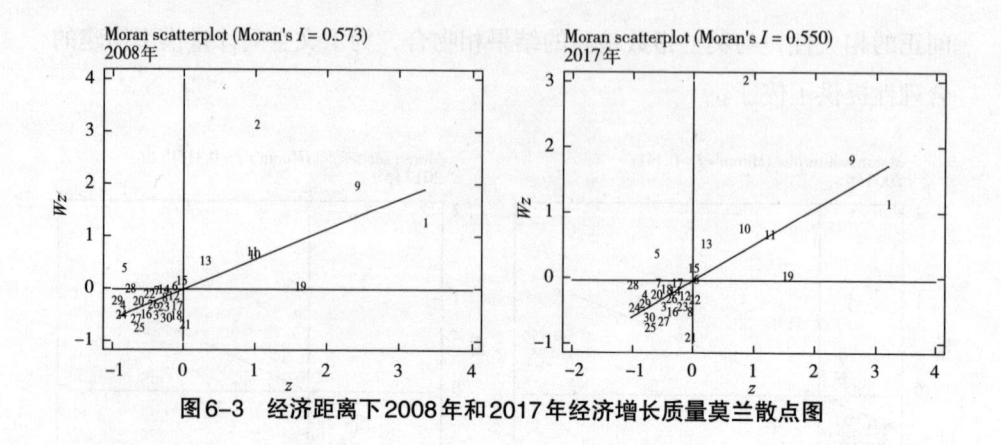

第二节 计量模型与数据

一、模型的设定

传统的经济学理论一般都假定不同空间下经济活动是独立的，很少关注地区之间的经济互动。但常识告诉我们，地区之间经济上存在密切往来，因为地区之间的资源禀赋存在较大差异，技术上也存在差距，地区之间取长补短、融合发展显然能够提高经济效率。地理学第一定律也说明了所有事物都与其他事物相关联，而且较近的事物空间关联性更强。针对这一事实，为了分析事物间的空间依存关系以及交互作用，空间计量理论提出了一些典型的模型。首先介绍经典的空间计量模型，并分析其主要适用的问题，然后给出本研究所选择的模型。

空间计量模型的基本形式如下：

$$y_{it} = \alpha + \rho \sum_{j=1}^{n} W_{ij} y_{jt} + \sum_{k=1}^{K} x_{itk} \beta_k + \sum_{k=1}^{K} \sum_{j=1}^{n} W_{ij} X_{itk} \theta_k + \mu_i + \gamma_t + v_{it} \quad (6-9)$$

$$v_{it} = \lambda \sum_{j=1}^{n} m_{ij} v_{it} + \varepsilon_{it} \quad i=1, 2, \cdots, n, \ t=1, 2, \cdots, T \quad (6-10)$$

其中，y_{it}为被解释变量，t代表时间，α、ρ、β、θ、λ均代表参数，i代表个体，j代表个体i的第j个邻居，W_{ij}为空间权重矩阵的第i行第j列元素，y_{jt}

为变量，X_{itk}为解释变量，k代表模型中的第k个参数，K代表参数总数，n代表个体总数，μ_i是不可观测且随时间改变的个体特征，γ_t为时间效应，v_{it}为误差项，m_{it}为扰动项空间权重矩阵的第i行第j列元素，ε_{it}为误差项。

（1）如果$\theta_k = 0$且$\lambda = 0$，则为空间自回归模型（Spatial Autoregressive Model，简称 SAR 模型）。

（2）如果$\theta_k = 0$，则为空间自相关模型（Spatial Autocorrelation Model，简称 SAC 模型）。

（3）如果$\theta_k = 0$且$\rho = 0$，则为空间误差模型（Spatial Error Model，简称 SEM 模型）。

（4）如果$\lambda = 0$，则为杜宾模型（Spatial Durbin Model，简称 SDM 模型）。

空间自回归模型，考察了解释变量的空间溢出效应，即某地区周边经济增长质量对该地区经济增长质量的影响，但未考虑周边地区人力资本对该地区经济增长质量的影响；空间自相关模型与空间自回归模型类似，考虑了扰动项之间的交互效应；空间误差项模型包括了扰动项之间的交互效应，但未考虑经济增长质量和人力资本的空间溢出效应；杜宾模型同时考虑到了经济增长质量和人力资本的空间溢出效应。事实上，一个地区经济增长质量较高往往意味着经济动力强劲，经济结构良好，同时经济增长的成果能为大众所分享，生态环境也较好，往往会对周边地区产生积极影响。人力资本能够推动地区经济增长质量的提高，尤其人力资本集聚更会通过知识溢出效应对周边地区产生影响，但人力资本总量是有限的，一个地区对人才具有较强的吸引力，大量的人才聚集往往会导致周边地区人才流失，同时也会吸引资源向人力资本较高的地区聚集，不利于周边地区人力资本对经济增长质量影响效率的提高，所以人力资本对周边地区经济增长质量的影响可能存在正负两种效应。通过以上分析，本节的研究重点是人力资本对经济增长质量的空间溢出效应，选择杜宾模型能够达到研究目的，所以本研究最终选择杜宾模型。

二、变量说明

本章基于2008—2017年各省面板数据，借助杜宾模型检验人力资本对经济增长质量的空间效应。考虑到总量人力资本对经济增长质量具有空间效应，反映高级人力资本情况的人力资本集聚也可以通过知识溢出对经济增长质量产生溢出效应，所以本章分别考察二者对经济增长质量的影响。

（一）被解释变量

经济增长质量（QEG）是本研究的核心变量，各地区经济增长质量利用前文构建的评价指标体系，采用熵权Topsis方法得到，经济增长质量又细分为经济增长条件（CEG）、经济增长过程（PEG）和经济增长结果（REG）3个维度。

（二）核心解释变量

人力资本（hum）是本研究的核心解释变量，与前文相同采用平均受教育年限来表示。

人力资本集聚（HA）是本研究的另一核心解释变量，本节借鉴陈得文和苗建军（2012）的方法，通过大专及以上学历的人口在区域上的分布情况，反映人力资本集聚水平。计算公式为：

$$HA_i = (HC_i / P_i)/(THC/P) \qquad (6-11)$$

其中，HA_i为第i个地区人力资本集聚程度；HC_i为第i个地区大专及以上人口数；P_i为第i个地区总人口数；THC为全国大专及以上总人口数；P为全国总人口数。

（三）控制变量

采用物质资本水平（fa）、政府干预（gov）、城镇化水平（urb）、市场化水平（mp）、抚养比（dr）、外商直接投资（fdi）、基础设施（inf）作为控制变量，各变量的含义和计算方法均与上一章一致，此处不再赘述。

第三节　实证结果分析

一、人力资本对经济增长质量的空间溢出效应

（一）模型设定

为了考察不同人力资本对经济增长质量的影响，本节构建了如下模型：

$$QEG_{it}=\beta_0+\rho\sum_{j=1}^{n}W_{ij}QEG_{it}+\beta_1 hum_{it}+\sum_{j=1}^{n}\beta_2 W_{ij}hum_{ijt}+\delta control_{it}+ \\ \sum_{j=1}^{n}\varphi W_{ij}control_{ijt}+\mu_i+\gamma_t+v_{ij} \quad (6-12)$$

$$QEG_{it}=\beta_0+\rho\sum_{j=1}^{n}W_{ij}QEG_{it}+\beta_1 HA_{it}+\sum_{j=1}^{n}\beta_2 W_{ij}HA_{ijt}+\delta control_{it}+ \\ \sum_{j=1}^{n}\varphi W_{ij}control_{ijt}+\mu_i+\gamma_t+v_{ij} \quad (6-13)$$

其中，β、ρ、δ、φ 均为参数；W_{ij} 为空间权重矩阵的第 i 行第 j 列元素；i 代表个体；j 代表个体 i 的第 j 个邻居；t 代表时间；n 代表个体总数；QEG 为被解释变量经济增长质量；hum 为模型（6-12）的解释变量人力资本；HA 为模型（6-13）的解释变量人力资本集聚；control 为控制变量，包括人均固定资产（fa）、政府干预（gov）、城镇化水平（urb）、市场化水平（mp）、抚养比（dr）、外商直接投资（fdi）、基础设施（inf）；μ_i 表示个体效应；γ_t 表示时间效应；v_{ij} 为误差项。

（二）实证结果分析

由莫兰指数检验结果可知，经济增长质量存在明显的相关性，所以需要利用空间计量模型分析人力资本对经济增长质量的影响。根据前面的分析发现选择杜宾模型较合理，但空间计量模型的结果与杜宾模型的具体设定有关，同时也与距离的选择有关。为了保证结果的稳健性，在考察人力资本对经济增长质量影响时分别选择了随机效应模型、时间固定效应模型和空间固定效应模型；在考察人力资本集聚对经济增长质量影响时，则分别选择邻接距离、地理距离和经济距离。本文先检验人力资本对经济增长质量的空间效

应，人力资本影响经济增长质量的杜宾模型估计结果如表6-2所示，人力资本集聚影响经济增长质量的杜宾模型估计结果如表6-3所示。

表6-2 人力资本影响经济增长质量的杜宾模型估计结果

变量	随机效应 模型（1）	时间固定 模型（2）	空间固定 模型（3）
hum	0.008 7** （2.04）	0.018 9* （1.98）	0.006 6* （1.66）
fa	−0.000 2 （−0.24）	−0.006 3*** （−5.45）	0.000 2 （0.21）
gov	0.026 9 （0.32）	0.249 1*** （2.78）	0.025 0 （0.30）
urb	−0.074 2 （−0.56）	0.448 4*** （3.49）	−0.151 4 （−1.18）
mp	0.006 5* （1.81）	0.027 9*** （4.35）	0.006 1* （1.70）
dr	−0.129 2* （−1.93）	−0.009 9 （−0.09）	−0.124 8* （−1.79）
fdi	−0.206 4 （−1.14）	−0.668 7*** （−2.96）	−0.208 6 （−1.22）
inf	0.025 7 （1.44）	0.021 4 （1.33）	0.021 9 （0.99）
$W*hum$	−0.019 9*** （−3.16）	−0.088 2*** （−5.49）	−0.016 4*** （−2.81）
$W*fa$	−0.000 9 （−1.07）	0.001 3 （0.46）	−0.001 1 （−1.17）
$W*gov$	−0.113 1* （−1.72）	0.201 2 （1.56）	−0.113 3 （−1.56）
$W*urb$	0.622 4*** （3.47）	0.995 0*** （4.89）	0.678 8*** （3.63）
$W*mp$	0.001 0* （1.83）	0.016 4** （2.40）	0.009 3* （1.78）
$W*dr$	−0.087 1 （−0.82）	0.551 6** （2.26）	−0.086 0 （−0.80）
$W*fdi$	0.892 1** （2.18）	1.290 0** （2.36）	0.818 7** （2.07）

续 表

变量	随机效应 模型（1）	时间固定 模型（2）	空间固定 模型（3）
W*inf	−0.055 6 （−1.55）	0.009 0 （0.18）	−0.059 8 （−1.57）
ρ	0.106 3***	−0.258 8***	0.150 1***
R^2	0.696 4	0.568 2	0.698 0
$Log-L$	807.47	642.18	906.57
N	300	300	300

注：*、**、***分别代表该系数估计结果在10%、5%和1%的水平下显著，括号内为检验统计量值。

数据来源：《中国统计年鉴》《中国科技统计年鉴》《中国能源统计年鉴》《中国劳动和就业统计年鉴》及各省统计年鉴、《中国分省市市场化指数报告（2016）》，经过计算得出。

表6-3 人力资本集聚影响经济增长质量的杜宾模型估计结果

变量	邻接距离 模型（1）	地理距离 模型（2）	经济距离 模型（3）
HA	0.053 1*** （3.10）	0.041 6** （2.32）	0.048 0*** （3.87）
fa	−0.007 8*** （−6.45）	−0.005 1*** （−4.24）	−0.006 7*** （−4.46）
gov	0.210 7*** （3.47）	0179 8*** （2.72）	0.103 2 （1.25）
urb	0.523 3*** （3.66）	0.616 6*** （4.15）	0.518 0*** （3.38）
mp	0.028 2*** （5.59）	0.021 2*** （3.44）	0.028 9*** （4.78）
dr	−0.069 3 （−0.60）	−0.026 0 （−0.20）	0.002 6 （0.03）
fdi	−0.604 6** （−2.45）	−0.324 5*** （−0.82）	−0.756 0*** （−2.87）
inf	0.014 5 （0.94）	0.011 0 （0.71）	0.015 6 （1.01）
W*HA	−0.080 3*** （−2.69）	−0.276 3*** （−4.71）	−0.077 5*** （−2.99）

续表

变量	邻接距离 模型（1）	地理距离 模型（2）	经济距离 模型（3）
$W*fa$	0.005 6** (2.23)	0.017 8*** (3.24)	0.000 4 (0.12)
$W*gov$	0.528 3*** (4.59)	0.539 6 (1.03)	0.412 7*** (2.92)
$W*urb$	0.570 7*** (2.85)	1.840 0** (2.27)	0.801 0*** (2.92)
$W*mp$	−0.002 4 (−0.22)	−0.027 9 (−0.78)	0.016 1* (1.86)
$W*dr$	0.488 6** (2.04)	1.900 0** (2.22)	0.765 6** (2.45)
$W*fdi$	1.002 1 (1.00)	1.460 0 (0.59)	0.412 8 (0.56)
$W*inf$	0.022 8 (0.68)	0.181 6** (2.03)	−0.025 8 (−0.43)
ρ	0.079 4	−0.387 4	−0.146 0
R^2	0.579 4	0.579 4	0.583 7
$Log-L$	635.90	622.58	629.86
N	300	300	300

注：*、**、***分别代表该系数估计结果在10%、5%和1%的水平下显著，括号内为检验统计量值。

数据来源：《中国统计年鉴》《中国科技统计年鉴》《中国能源统计年鉴》《中国劳动和就业统计年鉴》及各省统计年鉴、《中国分省市市场化指数报告（2016）》，经过计算得出。

表6-2的回归结果显示，随机效应模型和空间固定效应模型，空间滞后系数ρ均显著大于0，表明经济增长质量具有明显的溢出效应，一个地区经济增长质量较好，能够对周边地区产生积极影响，同时周边地区经济增长质量较好，也会有利于本地区的经济增长质量的改善。时间固定效应模型的空间之后系数符号相反，可能的原因是地区经济增长质量在时间上存在较强的自相关导致结果出现偏差。在人力资本对经济增长质量的影响显著为正，在10%的显著性水平下通过检验，这说明人力资本水平越高，对经济增长质量越有利。人力资本的空间滞后项均显著为负，说明本地区人力资本水平较高

会对周边地区经济增长质量产生不利影响。在当前宏观经济整体放缓的情况下，各地区都意识到人才的重要性，出台各种吸引人才流入的政策，大量的人才流入有利于本地区经济增长质量提高，但所形成的虹吸效应，导致周边地区人才流失，对经济增长质量造成不利影响。从控制变量来看，固定资产投资对经济增长质量影响显著为负，现阶段我国仍处于去产能阶段，经济增长由投资驱动向创新驱动转变，有利于经济增长质量改善。政府干预有利于经济增长质量提高，形成这种现象的原因可能是财政支出中有相当一部分进入医疗、教育等民生领域，对经济增长质量有积极影响。城镇化水平对经济增长质量有正向影响，在二元经济条件下，我国城市的收入水平远远高于农村，基础设施、教育、医疗、卫生条件也都好于农村，而且我国城市化率与发达国家有较大差距，农村人口向城市转移也能为城市工业的发展提供劳动力，有利于经济增长质量提升。市场化对经济增长质量有积极影响，说明发挥市场在资源配置中的绝对作用，优化营商环境和法制环境有利于经济增长质量的改善。抚养比对经济增长质量影响显著为负，说明大量的老人需要赡养，大量的儿童需要抚养，减少了劳动力供给时间对经济增长质量产生的不利影响。外商直接投资不利于经济增长质量的提高，可能是因为在我国投资的外企多数为污染企业，导致能源消耗过大，生态环境恶化不利于经济增长质量提升。

表6-3的结果显示，3种距离下人力资本集聚对经济增长质量的影响均显著为正，这说明人力资本集聚能够促进经济增长质量提高。这可以通过以下两个方面解释：一方面，我国目前人口老龄化程度不断提高，人口红利逐渐消失，人力资本集聚有利于技术创新，开发人工智能技术，用机器代替人力，缓解人口老龄化对经济增长的冲击；另一方面，人力资本集聚有利于我国产业结构升级，当前我国多个行业仍然存在产能过剩问题，迫切需要优化经济结构，淘汰落后产能，而产业结构升级需要大量人力资本，尤其是高级人力资本。事实上，一个地区经济增长质量越好，越能吸引优质的人力资本流入，形成人力资本集聚，越有利于该地经济增长质量的进一步提高。但人力资本集聚不利于周边地区经济增长质量的提高，表明我国人力资本总量仍

然不足，尤其大专及以上层次学历者占比明显较低，一个地区的人才集聚会对周边地区经济增长质量提升产生不利影响。控制变量方面与上一模型的结果，无论是方向还是显著性都几乎一致，这里不再赘述。

二、人力资本对经济增长条件的空间溢出效应

（一）模型的设定

为了考察不同人力资本对经济增长条件的影响，本文构建了如下模型：

$$CEG_{it} = \beta_0 + \rho \sum_{j=1}^{n} W_{ij} QEG_{it} + \beta_1 hum_{it} + \sum_{j=1}^{n} \beta_2 W_{ij} hum_{ijt} + \delta control_{it} + \sum_{j=1}^{n} \varphi W_{ij} control_{ijt} + \mu_i + \gamma_t + v_{ij} \quad (6-14)$$

$$CEG_{it} = \beta_0 + \rho \sum_{j=1}^{n} W_{ij} QEG_{it} + \beta_1 HA_{it} + \sum_{j=1}^{n} \beta_2 W_{ij} HA_{ijt} + \delta control_{it} + \sum_{j=1}^{n} \varphi W_{ij} control_{ijt} + \mu_i + \gamma_t + v_{ij} \quad (6-15)$$

其中，β、ρ、δ、φ 均为参数，W_{ij} 为空间权重矩阵的第 i 行第 j 列元素；i 代表个体；j 代表个体 i 的第 j 个邻居；t 代表时间；n 代表个体总数；CEG 为被解释变量经济增长条件；hum 为模型（6-14）的解释变量人力资本；HA 为模型（6-15）的解释变量人力资本集聚；$control$ 为控制变量，包括物质资本水平（fa）、政府干预（gov）、城镇化水平（urb）、市场化水平（mp）、抚养比（dr）、外商直接投资（fdi）、基础设施（inf）；μ_i 表示个体效应；γ_t 表示时间效应；v_{ij} 为误差项。

（二）实证结果分析

人力资本影响经济增长条件的杜宾模型估计结果如表6-4所示。

表6-4 人力资本影响经济增长条件的杜宾模型估计结果

变量	随机效应 模型（1）	时间固定 模型（2）	空间固定 模型（3）
hum	0.027 8* （1.81）	0.016 4 （0.66）	0.027 1* （1.68）
fa	−0.003 9* （−1.80）	−0.005 9*** （−3.18）	−0.003 4 （−1.58）
gov	0.194 4 （1.58）	0.598 2*** （4.58）	0.089 4 （0.67）
urb	0.195 0 （1.11）	−0.139 6 （−0.60）	0.136 3 （0.56）
mp	0.037 1*** （4.53）	0.063 6*** （4.81）	0.036 7*** （4.73）
dr	−0.017 5 （−0.14）	−0.247 2 （−0.89）	−0.008 1 （−0.07）
fdi	−0.412 9 （−1.25）	−0.503 7 （−0.94）	−0.283 5 （−0.80）
inf	0.021 5 （0.54）	0.041 0 （1.23）	0.027 6 （0.44）
$W*hum$	−0.045 6*** （−3.61）	−0.101 6*** （−3.79）	−0.042 4*** （−3.33）
$W*fa$	0.000 4 （0.14）	0.008 0 （1.39）	−0.001 1 （−0.33）
$W*gov$	−0.048 3 （−0.38）	0.127 3 （0.56）	−0.134 3 （−0.83）
$W*urb$	−0.056 4 （−0.18）	0.564 2 （1.46）	0.088 3 （0.21）
$W*mp$	−0.000 2 （−0.01）	0.022 6 （1.49）	−0.003 6 （−0.35）
$W*dr$	−0.280 1 （−0.94）	0.089 0 （0.17）	−0.320 4 （−1.01）
$W*fdi$	−0.093 3 （−0.11）	1.240 0 （1.13）	−0.480 0 （−0.64）
$W*inf$	0.172 3** （2.41）	0.181 9* （1.87）	0.229 5* （1.86）
ρ	0.327 6***	−0.216 7**	0.380 2***

续 表

变量	随机效应	时间固定	空间固定
	模型（1）	模型（2）	模型（3）
R^2	0.669 2	0.588 7	0.676 2
$Log-L$	579.53	448.08	659.54
N	300	300	300

注：*、**、***分别代表该系数估计结果在10%、5%和1%的水平下显著，括号内为检验统计量值。

数据来源：《中国统计年鉴》《中国科技统计年鉴》《中国能源统计年鉴》《中国劳动和就业统计年鉴》及各省统计年鉴、《中国分省市市场化指数报告（2016）》，经过计算得出。

由表6-4可知，模型（1）随机效应模型下人力资本对经济增长条件的影响结果，结果显示人力资本能够促进经济增长条件的改善，但因为虹吸效应会对周边地区经济增长条件提高有抑制作用。模型（2）为时间固定效应模型下人力资本对经济增长条件的影响结果，结果显示人力资本对本地区经济增长条件影响不显著，而且对周边地区经济增长条件影响为负。模型（3）为空间固定效应模型下人力资本对经济增长条件的影响结果，与模型（1）的结果相同，人力资本对本地区经济增长条件有积极影响，但对周边地区经济增长条件有负向的溢出效应。综合3个模型的结果，可以发现我国总量人力资本仍然较低，某些地区人力资本提高的同时也对周边地区形成吸引力，从而造成周边地区人力资本的流失，不利于这些地区经济增长条件的改善。整体来看，模型（3）的自相关系数ρ显著大于0，表明经济增长条件具有明显的空间溢出效应，一个地区经济增长条件提高对周边地区有带动作用。模型（2）自相关系数为负，可能的原因仍然是扰动项之间存在自相关导致的。通过上述分析可知，经济增长条件具有正向的溢出效应，但仅通过人力资本提升经济增长条件是不够的，因为人力资本仅有利于本地区经济增长条件，而人才的争夺却会对周边地区产生不利影响。控制变量方面，大多数变量影响不显著，但市场化水平在各模型中均显著，表明市场化是影响经济增长条件的重要因素，在人力资本总量短期无法迅速提高的情况下，改善制度环境将成为提高经济增长条件的重要手段。

人力资本集聚影响经济增长条件的杜宾模型估计结果如表6-5所示。

表6-5 人力资本集聚影响经济增长条件的杜宾模型估计结果

变量	邻接距离 模型（1）	地理距离 模型（2）	经济距离 模型（3）
HA	0.048 2*** （2.86）	0.067 5*** （3.61）	0.082 6*** （4.00）
fa	−0.009 4*** （−5.48）	−0.005 3*** （−3.28）	−0.006 7*** （−3.08）
gov	0.568 7*** （7.94）	0.439 0*** （4.93）	0.475 1*** （3.92）
urb	0.242 5 （1.47）	0.085 8 （0.52）	−0.158 7 （−0.70）
mp	0.073 7*** （8.29）	0.060 8*** （7.85）	0.065 6*** （4.79）
dr	−0.408 4* （−1.65）	−0.363 9* （−1.93）	−0.226 0 （−0.95）
fdi	−0.663 5 （−1.17）	−0.474 2 （−1.15）	−0.521 4 （−1.03）
inf	−0.034 4 （−1.03）	0.035 1* （1.77）	0.037 5 （1.25）
$W*HA$	−0.067 3* （−1.79）	−0.296 1*** （−3.77）	−0.120 5** （−2.23）
$W*fa$	0.016 1*** （4.14）	0.039 9*** （4.46）	0.002 2 （0.41）
$W*gov$	0.710 5*** （3.82）	2.730 0*** （4.84）	0.265 5 （1.23）
$W*urb$	−0.099 2 （−0.38）	−0.635 3 （−0.70）	0.791 8 （1.40）
$W*mp$	−0.010 8 （−0.75）	−0.016 5 （−0.38）	0.021 0 （1.29）
$W*dr$	0.219 0 （0.79）	−1.470 0 （−1.60）	0.553 1 （1.05）
$W*fdi$	0.774 6 （0.50）	−0.358 9 （−0.12）	−0.831 2 （−0.58）
$W*inf$	0.238 8*** （4.12）	0.875 5*** （7.09）	0.096 8 （0.94）

续　表

变量	邻接距离	地理距离	经济距离
	模型（1）	模型（2）	模型（3）
ρ	−0.062 9	−0.252 3	−0.085 0
R^2	0.598 7	0.566 1	0.601 6
$Log-L$	489.16	522.40	458.49
N	300	300	300

注：*、**、***分别代表该系数估计结果在10%、5%和1%的水平下显著，括号内为检验统计量值。

数据来源：《中国统计年鉴》《中国科技统计年鉴》《中国能源统计年鉴》《中国劳动和就业统计年鉴》及各省统计年鉴、《中国分省市市场化指数报告（2016）》，经过计算得出。

由表6-5可知，3种距离下人力资本集聚对经济增长条件均有积极影响，但其对周边地区经济增长条件有抑制作用。人力资本集聚主要通过大专及以上人口的分布情况来体现，高技能人力资本是技术创新的关键要素，对经济增长条件的影响也更加重要。通过对表6-4和表6-5的结果对比分析可以发现，3种距离下人力资本集聚的回归系数均高于人力资本的回归系数，溢出效应方面人力资本集聚的负向溢出效应也同样高于人力资本的负向溢出效应，说明高技能人力资本是经济增长条件的关键要素。从控制变量来看，市场化对经济增长条件有积极影响，说明良好市场环境是经济增长条件的必要支撑；政府干预对经济增长条件有积极影响，主要原因是协调能力是经济增长条件的重要组成部分，而政府财政支出占GDP比重增加，更有利于改善教育、医疗和社会保障条件，从而对经济增长条件产生积极影响；固定资产总量对经济增长条件有抑制作用，说明我国要转变过度依赖投资的经济增长方式，过度依赖投资不利于经济增长条件改善；抚养比对经济增长条件的影响为负，说明过高的抚养比限制了劳动力的供给量，从而对经济增长条件产生不利影响。

三、人力资本对经济增长过程的空间溢出效应

（一）模型设定

为了考察人力资本对经济增长过程的影响，本文构建了如下模型：

$$PEG_{it} = \beta_0 + \rho \sum_{j=1}^{n} W_{ij}QEG_{it} + \beta_1 hum_{it} + \sum_{j=1}^{n} \beta_2 W_{ij} hum_{ijt} + \delta control_{it} + \sum_{j=1}^{n} \varphi W_{ij} control_{ijt} + \mu_i + \gamma_t + v_{ij} \quad (6-16)$$

$$PEG_{it} = \beta_0 + \rho \sum_{j=1}^{n} W_{ij}QEG_{it} + \beta_1 HA_{it} + \sum_{j=1}^{n} \beta_2 W_{ij} HA_{ijt} + \delta control_{it} + \sum_{j=1}^{n} \varphi W_{ij} control_{ijt} + \mu_i + \gamma_t + v_{ij} \quad (6-17)$$

其中，PEG 为被解释变量经济增长过程；hum 为模型（6-16）的解释变量人力资本；HA 为模型（6-17）的解释变量人力资本集聚；$control$ 为控制变量，包括物质资本水平（fa）、政府干预（gov）、城镇化水平（urb）、市场化水平（mp）、抚养比（dr）、外商直接投资（fdi）、基础设施（inf）；μ_i 表示个体效应；γ_t 表示时间效应；v_{ij} 为误差项。

（二）实证结果分析

由表6-6可知，整体来看模型的自相关系数 ρ 显著大于0，表明经济增长过程具有明显的空间溢出效应，资源配置效率较高，各要素之间结构比较均衡的地区，能够将先进的经验传播给周边地区，从而有利于周边地区经济增长过程的改善。人力资本对经济增长过程的影响不显著，可能是因为人力资本具有异质性，而对经济增长过程起主要作用的是高级人力资本，尤其在经济增长过程中产业结构升级是核心，而高级人力资本是产业结构升级的关键要素，所以进一步考察人力资本集聚对经济增长过程的影响。从控制变量来看，各变量对经济增长过程的影响也不显著，而且模型的拟合优度较低，表明考虑空间因素的经济增长过程较难评价，需要进一步研究。

表6-6 人力资本影响经济增长过程的杜宾模型估计结果

变量	随机效应 模型（1）	时间固定 模型（2）	空间固定 模型（3）
hum	−0.004 8 （−0.65）	0.022 8 （1.57）	−0.009 3 （−1.28）
fa	−0.000 7 （−0.44）	−0.009 7*** （−5.82）	−0.000 0 （−0.03）
gov	0.174 1 （1.56）	0.316 9** （2.29）	0.193 9* （1.78）
urb	−0.203 6 （−0.64）	0.984 7*** （4.45）	−0.349 7 （−1.22）
mp	−0.005 6 （−0.77）	0.017 0** （2.08）	−0.006 0 （−0.81）
dr	−0.144 8 （−1.34）	0.152 8 （1.04）	−0.133 0 （−1.20）
fdi	−0.377 5 （−0.96）	−0.911 8** （−2.56）	−0.407 3 （−1.05）
inf	0.034 9 （0.88）	0.029 3 （1.41）	0.019 7 （0.42）
$W*hum$	−0.008 0 （−0.81）	−0.129 3*** （−4.83）	−0.002 3 （−0.25）
$W*fa$	−0.002 0 （−0.77）	0.002 0 （0.48）	−0.002 2 （−0.77）
$W*gov$	−0.198 9 （−1.50）	0.139 7 （0.72）	−0.176 6 （−1.25）
$W*urb$	1.270 0** （2.41）	1.200 0*** （3.50）	1.430 0*** （2.69）
$W*mp$	0.007 9 （1.09）	0.006 3 （0.46）	0.009 9 （1.39）
$W*dr$	0.095 4 （0.45）	0.793 9* （1.94）	0.071 0 （0.34）
$W*fdi$	1.730 0*** （2.85）	2.400 0*** （3.64）	1.630 0*** （2.79）
$W*inf$	−0.234 7*** （−2.99）	−0.041 0 （−0.53）	−0.293 9*** （−3.77）
ρ	0.187 8***	−0.118 0	0.202 7***
R^2	0.408 1	0.118 6	0.420 9

续　表

变量	随机效应	时间固定	空间固定
	模型（1）	模型（2）	模型（3）
$Log-L$	646.07	520.41	746.02
N	300	300	300

注：*、**、***分别代表该系数估计结果在10%、5%和1%的水平下显著，括号内为检验统计量值。

数据来源：《中国统计年鉴》《中国科技统计年鉴》《中国能源统计年鉴》《中国劳动和就业统计年鉴》及各省统计年鉴、《中国分省市市场化指数报告（2016）》，经过计算得出。

前面的研究表明，加入空间要素后，人力资本对经济增长过程的影响不显著，说明仅提高人力资本无法实现经济增长过程的改善，所以进一步考察反映高级人力资本的人力资本集聚对经济增长过程的影响。表6-7的结果显示，模型（1）为邻接距离下人力资本集聚对经济增长过程的影响结果，在10%显著性水平下，人力资本集聚对本地区经济增长过程有积极影响，但邻近地区人力资本集聚对本地区经济增长过程有抑制作用。模型（2）为地理距离下人力资本对经济增长过程的影响结果，显示人力资本集聚对本地区经济增长过程影响不显著，但会对周边地区经济增长过程产生不利影响，可能是因为模型存在多重共线性。模型（3）为经济距离下模型估计结果，与邻接距离的结果类似，人力资本集聚有利于本地区经济增长过程的改善，但不利于邻近地区经济增长过程改善。经济增长过程溢出效应在各模型中影响的显著性上存在差异，但整体上看，地区经济增长过程的优化对周边地区有积极影响。从控制变量来看，物质资本水平对经济增长过程影响为负，表明我国过去主要依靠投资拉动经济增长的方式造成产能过剩，不利于经济增长过程的改善；政府干预对经济增长过程影响为正，表明我国经济既需要市场这只看不见的手，也需要政府的宏观调控；城镇化对经济增长过程有积极影响，随着经济增长，农村人口向城市转移有利于经济增长过程的优化；市场化对经济增长过程有积极影响，信息透明度的提升，可以为我国经济结构优化注入制度活力；外商直接投资对经济增长过程有抑制作用，说明外商直接投资不利于我国经济增长过程的优化。

表6-7 人力资本集聚影响经济增长过程的杜宾模型估计结果

变量	邻接距离 模型（1）	地理距离 模型（2）	经济距离 模型（3）
HA	0.067 6** （2.18）	0.029 5 （1.00）	0.052 7*** （2.73）
fa	−0.012 2*** （−6.73）	−0.008 6*** （−4.45）	−0.010 2*** （−4.89）
gov	0.298 4*** （3.25）	0.317 3*** （2.83）	0.133 8 （1.07）
urb	0.944 7*** （3.72）	1.220 0*** （5.00）	1.110 0*** （4.47）
mp	0.016 9** （2.06）	0.008 4 （0.90）	0.018 3** （2.54）
dr	0.180 4 （0.98）	0.229 2 （1.08）	0.193 1 （1.28）
fdi	−0.876 1** （−2.43）	−0.530 4 （−0.97）	−1.050 0** （−2.48）
inf	0.038 2 （1.48）	0.008 8 （0.34）	0.022 1 （1.02）
W*HA	−0.101 8* （−1.92）	−0.401 7*** （−4.09）	−0.118 4*** （−3.99）
W*fa	0.005 2 （1.01）	0.017 3 （1.43）	0.000 8 （0.21）
W*gov	0.528 7*** （2.61）	−0.613 3 （−0.70）	0.477 7** （2.42）
W*urb	0.556 6 （1.60）	3.470 0** （2.27）	0.985 7** （2.30）
W*mp	0.001 0 （0.06）	−0.100 6* （−1.65）	0.006 1 （0.41）
W*dr	0.378 7 （0.93）	3.370 0*** （2.73）	1.120 0** （2.19）
W*fdi	2.240 0 （1.38）	1.610 0 （0.39）	1.140 0 （1.24）
W*inf	−0.046 4 （−0.79）	0.132 7 （0.88）	−0.069 0 （−0.76）

续 表

变量	邻接距离 模型（1）	地理距离 模型（2）	经济距离 模型（3）
ρ	0.208 6	0.461 4*	−0.027 7
R^2	0.052 3	0.058 3	0.074 8
$Log-L$	490.90	477.85	503.72
N	300	300	300

注：*、**、***分别代表该系数估计结果在10%、5%和1%的水平下显著，括号内为检验统计量值。

数据来源：《中国统计年鉴》《中国科技统计年鉴》《中国能源统计年鉴》《中国劳动和就业统计年鉴》及各省统计年鉴、《中国分省市市场化指数报告（2016）》，经过计算得出。

四、人力资本对经济增长结果的空间溢出效应

（一）模型设定

为了考察人力资本对经济增长结果的空间效应，本文构建了如下模型：

$$REG_{it} = \beta_0 + \rho \sum_{j=1}^{n} W_{ij} QEG_{it} + \beta_1 hum_{it} + \sum_{j=1}^{n} \beta_2 W_{ij} hum_{ijt} + \delta control_{it} + \sum_{j=1}^{n} \varphi W_{ij} control_{ijt} + \mu_i + \gamma_t + v_{ij} \quad (6-18)$$

$$REG_{it} = \beta_0 + \rho \sum_{j=1}^{n} W_{ij} QEG_{it} + \beta_1 HA_{it} + \sum_{j=1}^{n} \beta_2 W_{ij} HA_{ijt} + \delta control_{it} + \sum_{j=1}^{n} \varphi W_{ij} control_{ijt} + \mu_i + \gamma_t + v_{ij} \quad (6-19)$$

其中，REG为被解释变量经济增长结果；hum为模型（6-18）的解释变量人力资本；HA为模型（6-19）的解释变量人力资本集聚；control为控制变量，包括物质资本水平（fa）、政府干预（gov）、城镇化水平（urb）、市场化水平（mp）、抚养比（dr）、外商直接投资（fdi）、基础设施（inf）；μ_i表示个体效应；γ_t表示时间效应；v_{ij}为误差项。

（二）实证结果分析

由表6-8可知，模型（1）为随机效应模型下人力资本对经济增长结果的回归结果，人力资本对本地区和周边地区的经济增长结果的影响均不显著。模型（2）为时间固定效应模型下人力资本对经济增长结果的回归结果，人力资本对经济增长结果有显著正向影响，但对周边地区经济增长质量影响不显著。模型（3）为空间固定效应模型下人力资本对经济增长结果的回归结果，与随机效应模型的结果类似，人力资本对本地区和周边地区经济增长结果的影响均不显著，可能是由于引入空间距离后增强了变量间的多重共线性。整体来看，模型的自相关系数ρ显著大于0，可以看出地区经济增长结果的改善对周边地区经济增长结果存在积极影响。从控制变量来看，物质资本水平投资对经济增长结果有积极影响，可能是因为多数基础设施均来自固定资产投资，可以提高人民生活的便利程度；政府干预对经济增长结果有抑制作用，表明政府投资过多，尤其在与民众生活无关的领域投资过多，不利于经济增长结果的提高；抚养比对经济增长结果有抑制作用，当前我国已逐渐进入人口老龄化阶段，过高的抚养给劳动力造成较大负担，从而对经济增长结果产生不利影响。

表6-8 人力资本影响经济增长结果的杜宾模型估计结果

变量	随机效应 模型（1）	时间固定 模型（2）	空间固定 模型（3）
hum	0.011 6 (1.40)	0.018 8** (2.44)	0.009 0 (1.13)
fa	0.002 8** (2.25)	0.000 9 (0.81)	0.003 3*** (2.87)
gov	−0.228 7* (−1.90)	−0.252 1*** (−2.92)	−0.205 6* (−1.72)
urb	−0.153 0 (−1.17)	0.143 1 (1.28)	−0.273 2 (−1.57)
mp	−0.000 9 (−0.22)	0.012 2* (1.71)	−0.002 4 (−0.63)

续 表

变量	随机效应 模型（1）	时间固定 模型（2）	空间固定 模型（3）
dr	−0.120 7* （−1.60）	−0.157 4 （−1.38）	−0.104 3 （−1.28）
fdi	0.040 2 （0.22）	−0.404 5 （−1.59）	0.045 5 （0.24）
inf	0.033 1 （1.44）	0.004 6 （0.27）	0.052 6 （1.31）
$W*hum$	−0.009 9 （−0.86）	−0.005 7 （−0.30）	−0.005 0 （−0.44）
$W*fa$	−0.000 5 （−0.28）	−0.002 9 （−1.03）	−0.000 5 （−0.26）
$W*gov$	0.075 1 （0.86）	0.334 4** （2.11）	0.036 2 （0.48）
$W*urb$	0.260 0 （1.37）	0.623 8** （2.11）	0.254 9 （0.98）
$W*mp$	0.016 4** （2.03）	0.029 7*** （3.08）	0.012 0* （1.73）
$W*dr$	−0.012 1 （−0.10）	0.635 6*** （2.62）	0.013 7 （0.11）
$W*fdi$	−0.004 5 （−0.01）	−0.417 1 （−0.81）	−0.053 6 （−0.15）
$W*inf$	−0.056 7 （−1.23）	−0.117 1** （−2.56）	−0.000 0 （−0.00）
ρ	0.389 7***	0.074 8	0.380 2***
R^2	0.819 8	0.755 6	0.827 3
$Log-L$	793.26	667.60	877.12
N	300	300	300

注：*、**、***分别代表该系数估计结果在10%、5%和1%的水平下显著，括号内为检验统计量值。

数据来源：《中国统计年鉴》《中国科技统计年鉴》《中国能源统计年鉴》《中国劳动和就业统计年鉴》及各省统计年鉴、《中国分省市市场化指数报告（2016）》，经过计算得出。

由表6-9可知，模型（1）为邻接距离下人力资本集聚对经济增长结果的作用结果，在5%显著性水平下，人力资本集聚对经济增长结果有积极影响。模型（2）为地理距离下人力资本对经济增长结果的作用结果，与邻接距离的结果相似，在5%显著性水平下，人力资本集聚对经济增长结果有显著正向影响。模型（3）为经济距离下模型估计结果，结果显示人力资本集聚对经济增长结果影响不显著，可能的原因是经济距离主要通过地方国内生产总值衡量，经济距离涵盖了过多经济结果要素，导致多重共线性。地理距离下，经济增长结果空间滞后项回归系数显著大于0，表明经济增长结果有正向的空间溢出效应，可能的原因是经济增长结果好的地区往往生产效率较高，资源利用效率较高，生态环境较好，对周边地区有积极影响。人力资本集聚的空间滞后项对经济增长结果影响不显著，可能的原因是人力资本集聚可以通过技术溢出对周边地区经济结果有积极影响，但也通过虹吸效应导致周边地区人才流失，对经济结果有消极影响，二者的作用程度相近导致整体影响不显著。控制变量对经济增长结果的影响与表6-8近似，此处不再赘述。

表6-9　人力资本集聚影响经济增长结果的杜宾模型估计结果

变量	邻接距离	地理距离	经济距离
	模型（1）	模型（2）	模型（3）
HA	0.023 9** （2.43）	0.036 7** （3.21）	0.017 8 （1.48）
fa	0.000 8 （0.46）	0.000 9 （0.63）	−0.001 0 （−0.95）
gov	−0.287 3*** （−3.86）	−0.257 8*** （−3.55）	−0.339 3*** （−3.72）
urb	0.222 2* （1.82）	0.215 5* （1.91）	0.189 9* （1.70）
mp	0.007 8 （1.23）	0.013 3* （1.92）	0.011 2 （1.47）
dr	−0.178 7 （−1.25）	−0.113 0 （−0.81）	−0.203 8* （−1.86）

续 表

变量	邻接距离 模型（1）	地理距离 模型（2）	经济距离 模型（3）
fdi	-0.062 9 (-0.13)	-0.019 2 (-0.03)	-0.396 4 (-1.48)
inf	0.032 2 (1.47)	-0.004 0 (-0.26)	-0.000 4 (-0.03)
W*HA	0.010 1 (0.44)	0.086 8 (1.19)	0.028 1 (0.97)
W*fa	0.000 5 (0.19)	0.003 0 (0.38)	-0.000 4 (-0.13)
W*gov	0.417 6*** (3.33)	0.379 6 (0.64)	0.362 2** (2.21)
W*urb	0.692 2*** (3.89)	0.724 7 (1.07)	0.228 4 (0.65)
W*mp	0.017 5 (1.51)	0.095 8** (2.21)	0.033 4*** (3.72)
W*dr	0.706 2*** (3.50)	1.970 0** (2.12)	0.445 6* (1.73)
W*fdi	-1.430 0** (-2.06)	0.228 8 (0.10)	0.167 8 (0.23)
W*inf	-0.059 0 (-1.42)	-0.302 0*** (-3.27)	-0.126 7** (-2.41)
ρ	-0.071 3	0.640 7**	0.059 4
R^2	0.779 8	0.722 2	0.718 8
$Log-L$	653.50	615.89	666.92
N	300	300	300

注：*、**、***分别代表该系数估计结果在10%、5%和1%的水平下显著，括号内为检验统计量值。

数据来源：《中国统计年鉴》《中国科技统计年鉴》《中国能源统计年鉴》《中国劳动和就业统计年鉴》及各省统计年鉴、《中国分省市市场化指数报告（2016）》，经过计算得出。

第四节 本章小结

本章在上一章的基础上纳入空间要素，构建杜宾模型考察人力资本对经济增长质量的影响及溢出效应。研究结果表明，经济增长质量具有明显空间溢出效应，一个地区经济增长质量较高，会对周边地区经济增长质量产生积极影响。人力资本积累和集聚对本地区经济增长质量有积极影响，但却不利于周边地区经济增长质量的提高。经济增长条件也有明显的空间溢出效应，人力资本积累和集聚对本地区经济增长条件有积极影响，但却不利于周边地区经济增长条件的改善。经济增长过程具有明显的空间溢出效应，但人力资本积累对经济增长过程不显著，人力资本集聚对本地区经济增长过程有积极影响，但却不利于周边地区经济增长过程的优化，说明推动经济增长过程的是大专及以上受教育程度的高级人力资本。经济增长结果具有明显的空间溢出效应，人力资本积累和集聚对本地区经济增长结果有积极影响，而对周边地区经济增长结果影响不显著。本章的研究证实了人力资本对经济增长质量的驱动作用，但一个地区对人才的过度吸引也会对周边地区产生不利影响，人力资本总量在短期内无法迅速提高的前提下，提升人力资本对经济增长质量的影响效率成为当前亟须解决的问题。

第七章

人力资本对经济增长质量影响机制的检验

第五章的研究表明人力资本能够促进本地区经济增长质量的提升。第六章将空间要素纳入分析框架考察人力资本对经济增长质量的空间溢出效应，发现一个地区人力资本水平提高因为虹吸效应会对周边地区经济增长质量产生不利影响。为了提高经济增长质量，各地区在人力资本上展开激烈的争夺，在人力资本总量不变的前提下，只有提升人力资本对经济增长质量的影响效应，才能从整体上提升中国经济增长质量。第三章对人力资本影响经济增长质量进行了机制分析，解构出了人力资本对经济增长质量的影响路径，并提出了相应的假设，为提升人力资本对经济增长质量的影响提供了理论支撑，但这些路径是否符合中国经济增长的现实，还需要经得起现实的检验。本章试图借助统计学分析方法对这些路径及所提出的假设进行检验，希望通过理论分析和实证检验相结合的方式，找到提升人力资本对经济增长质量影响的有效途径，提升人力资本对经济增长质量的影响效率，从而带动中国经济增长质量的整体提升。

第一节 人力资本对经济增长质量影响的中介效应检验

一、中介效应简介

中介效应是指变量 X 对 Y 的影响需要通过一个中间媒介 M，X 通过作用 M 进而对 Y 产生影响，就称为中介效应，M 则称为中介变量。值得一提的是，X 对 Y 的影响可能有很多路径，也就是说中介变量可以不唯一；同时直接效应和中介效应可以共存，X 在通过其他变量对 Y 产生影响的同时，也可以直接对 Y 产生影响。按照温忠麟（2004）提出的中介效应的检验方法，中介效应检验主要包含如下3个模型：

$$Y = cX + e_1 \quad (7\text{-}1)$$

$$M = aX + e_2 \quad (7\text{-}2)$$

$$Y = c'X + bM + e_3 \quad (7\text{-}3)$$

其中，β_0、β_1、β_2 均为参数，i 代表个体，t 代表时间，在不考虑中介变量的情况下，c 反映了 X 对 Y 的影响程度，称为总效应；在考虑中介变量的情况下，c' 反映了 X 对 Y 的影响程度，称为直接效应；a 反映了 X 对 M 的影响程度；b 反映了 M 对 Y 的影响程度；ab 反映了 X 通过 M 对 Y 的影响程度，称为间接效应，也就是本文所要研究的中介效应；e_1—e_3 代表残差项。上述模型及过程可用图 7-1 表示。

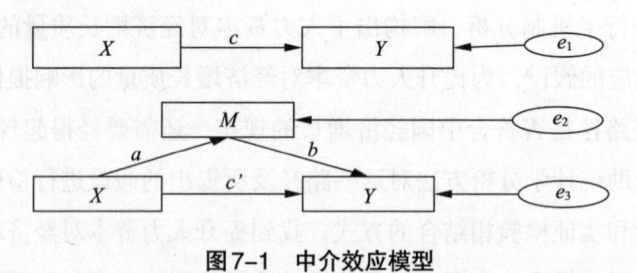

图 7-1 中介效应模型

若模型只包含一个解释变量不包含其他控制变量时，将式（7-2）代入（7-3）可得：

$$Y = (c' + ab)X + be_2 + e_3 \quad (7\text{-}4)$$

从而可以得到如下关系式：

$$c = c' + ab \quad (7\text{-}5)$$

也就是说当模型中只包含一个解释变量时，总效应＝直接效应＋中介效应。

检验的具体步骤如下：

（1）检验模型 $Y = cX + e_1$，若不能拒绝 c 等于 0，说明不存在中介效应，检验结束；若 c 显著不等于 0，检验继续。

（2）检验模型 $M = aX + e_2$，若不能拒绝 a 等于 0，则检验终止，模型不存在中介效应。

（3）检验模型 $Y = c'X + bM + e_3$，若 b 显著不等于 0，说明存在中介效应，

继续对 c' 进行检验；若不能拒绝 c' 等于 0 则存在部分中介效应，否则为完全中介效应。但是依次检验法也有缺点，如果 a 与 0 比较接近，b 的值很大，对 a 的检验很可能无法拒绝 $a=0$，按照检验规则变量间不存在中介效应；但是按照前面的分析 ab 代表的是中介效应，存在中介效应与否主要取决于 ab 是否显著为 0，而 ab 的取值与 a、b 都有关系，如果 b 的绝对值很大，a 与 0 比较接近，ab 显著不为 0，这种情况下显然判断变量间存在中介效应较合理，所以逐次检验法的设计增加了拒绝变量间存在中间效应的可能性，Sobel 检验正是为了克服这一弊端而产生的。

Sobel 方法的目标是检验 ab 是否显著等于 0，构造的统计量为 $Z = \dfrac{\hat{a}\hat{b}}{S_{ab}}$，其中 $\hat{a}$ 和 $\hat{b}$ 分别为 a 和 b 的估计值，S_{ab} 为 ab 估计量的标准误，具体计算公式为：

$$S_{ab} = \sqrt{\hat{a}^2 s_b^2 + \hat{b}^2 s_a^2} \qquad (7-6)$$

其中，s_a^2 和 s_b^2 分别代表 $\hat{a}$ 和 $\hat{b}$ 的标准误，根据 Z 统计量的值判断是否能够拒绝 $ab=0$ 的原假设，从而判断 X 对 Y 的影响是否存在中介效应。

二、模型的设定与变量说明

（一）模型的设定

本研究以技术创新、收入水平为中介变量，根据中介效应的检验步骤构建计量模型如下。

（1）技术创新方面：

$$Y_{it} = \beta_0 + \beta_1 hum_{it} + \varepsilon_{it} \qquad (7-7)$$

$$TI_{it} = \beta_0 + \beta_1 hum_{it} + \varepsilon_{it} \qquad (7-8)$$

$$Y_{it} = \beta_0 + \beta_1 hum_{it} + \beta_2 TI_{it} + \varepsilon_{it} \qquad (7-9)$$

（2）收入水平方面：

$$Y_{it} = \beta_0 + \beta_1 hum_{it} + \varepsilon_{it} \qquad (7-10)$$

$$GPC_{it} = \beta_0 + \beta_1 hum_{it} + \varepsilon_{it} \qquad (7-11)$$

$$Y_{it} = \beta_0 + \beta_1 hum_{it} + \beta_2 GPC_{it} + \varepsilon_{it} \tag{7-12}$$

其中，hum 为人力资本，TI 为技术创新，GPC 为收入水平，ε_{it} 是回归残差项，Y 为经济增长质量及其分维度的经济增长条件、过程和结果。

（二）变量及数据的说明

1. 被解释变量

经济增长质量（QEG）是本研究的核心变量，各地区经济增长质量利用前文构建的评价指标体系，采用熵权Topsis方法得到，经济增长质量又细分为经济增长条件（CEG）、经济增长过程（PEG）和经济增长结果（REG）3个维度。

2. 核心解释变量

人力资本（hum）是本研究的核心解释变量，与前文一致，采用平均受教育年限来表示。

3. 中介变量

技术创新（TI），专利申请授权量反映了一个地区发明创造的能力，专利申请授权量越多，说明知识转化能力越强，能够将知识转化为技术的能力也越强，所以用专利申请授权量衡量一个地区的技术创新能力。

收入水平（GPC），中国各地区之间人口分布不均衡，用经济总量衡量收入水平不具有可比性，所以用人均GDP衡量收入水平。

由于西藏和港澳台地区的部分数据缺失，本研究基于2008—2017年中国30个省、自治区、直辖市的年度面板数据，检验技术创新和收入水平在人力资本作用经济增长质量过程中的中介效应。本研究的数据来自《中国统计年鉴》《中国科技统计年鉴》《中国能源统计年鉴》《中国劳动和就业统计年鉴》及各省统计年鉴。

中介变量为本章新引入变量，各变量的描述性统计结果如表7-1所示。

表7–1 变量描述性统计

变量	均值	标准差	最小值	最大值
QEG	0.323 6	0.117 2	0.180 8	0.762 9
CEG	0.241 9	0.147 9	0.073 5	0.767 6
PEG	0.251 5	0.1456 6	0.101 1	0.837 8
REG	0.559 6	0.096 6	0.325 2	0.853 7
hum	8.92	0.945 3	6.76	12.50
TI	3.61	5.57	0.022 8	33.27
GPC	4.44	2.35	0.990 4	12.90

数据来源：《中国统计年鉴》《中国科技统计年鉴》《中国能源统计年鉴》《中国劳动和就业统计年鉴》及各省统计年鉴，经过计算得出。

三、检验结果分析

（一）对经济增长质量中介效应检验结果

为了深入分析人力资本对经济增长质量的影响及其具体作用路径。本文基于温忠麟等（2004）提出的方法实证检验了技术创新和收入水平的中介效应，具体结果如表7-2所示。模型（1）中人力资本的估计系数为0.092 7（在1%水平下显著），对经济增长质量有积极影响；模型（2）中人力资本的估计系数为1.64（在1%水平下显著），对技术创新有积极影响；模型（3）中人力资本和技术创新的估计系数分别为0.078 8和0.008 5，在1%水平下均显著为正，验证了人力资本通过技术创新对经济增长质量的传导机制。此外，为了保证结果的稳健性，本文还对中介效应做了Sobel检验，结果显示Sobel检验统计量的值为4.637，在1%的显著性水平下再次证实了技术创新确实为人力资本与经济增长质量之间的中介变量。进一步分析发现，中介效应占总效应的比重为15%，由于模型未引入其他控制变量，根据式（7-5），总效应等于直接效应和间接效应之和，如果不考虑其他影响路径，在技术创新这条路径上，人力资本对经济增长质量的影响更多表现为直接作用，该作用效应占总效应的85%。模型（4）—（5）分析了收入水平的中介效应。由模型（4）可知，人力资本对收入水平有显著正向影响，模型（5）中人力资本和收入水平的回归系数均显著为正,二者均对经济增长质量有促进作用,验证了人力资本通过收入水平影响经济增长质量的作用路径。Sobel检验统计量的值为7.09(在1%水平上显著),在收入水平这条路径上人力资本对经济增长质量的间接效应为49.69%,人力资本对经济增长质量的影响更多体现在直接效应上,但间接作用也不容忽视。

表7-2 技术创新和收入水平对经济增长质量的中介效应

变量	模型(1) QEG	模型(2) TI	模型(3) QEG	模型(4) GPC	模型(5) QEG
hum	0.092 7*** (19.44)	1.64*** (5.00)	0.078 8*** (19.49)	2.03*** (24.44)	0.046 6*** (6.13)
TI			0.008 5*** (12.36)		
GPC					0.022 7*** (7.42)
Constant	−0.502 7*** (−11.46)	−11.01*** (−3.75)	−0.409 3*** (−11.50)	−13.68*** (−18.35)	−0.192 7*** (−3.36)
N	300	300	300	300	300
R^2	0.559 0	0.077 5	0.708 8	0.667 1	0.627 9
Sobel检验	Z=4.637,对应的P值为0			Z=7.09,对应的P值为0	
中介效应	中介效应占总效应的比重为15%			中介效应占总效应的比重为49.69%	

注:*、**、***分别代表该系数估计结果在10%、5%和1%的水平下显著,括号内为检验统计量值。

数据来源:《中国统计年鉴》《中国科技统计年鉴》《中国能源统计年鉴》《中国劳动和就业统计年鉴》及各省统计年鉴、《中国分省市市场化指数报告(2016)》,经过计算得出。

(二)对经济增长条件中介效应检验结果

技术创新、收入水平在人力资本与经济增长条件之间的传导机制验证结果如表7-3所示。模型(1)的结果显示,人力资本的估计系数为0.097 1(在1%水平下显著),对经济增长条件有积极影响;模型(2)中人力资本的估计系数为1.64(在1%水平下显著),对技术创新有积极影响;模型(3)中人力资本和技术创新的估计系数分别为0.069 9和0.016 6,在1%水平下均显著为正,验证了人力资本通过技术创新对经济增长条件的传导机制。说明人力资本对经济增长条件不但存在直接影响,而且通过技术创新对经济增长条件产生间接作用。此外,为了保证结果的稳健性,本文还对中介效应做了Sobel检验,结果显示Sobel检验统计量的值为4.86,在1%的显著性水平下再次证实了技术创新确实为人力资本与经济增长条件之间的中介变量。进一步分析发现,中介效应占总效应的比重为28.02%,由于模型未引入其他控制变量,根据式(7-5),总效应等于直接效应和间接效应之和,如果不考虑其他影响路径,在技术创新这条路径上,人力资本对经济增长条件的影响更多表现为直接作用,该作用效应占总效应的71.98%。模型(4)—(5)分析了收入水平的中介效应,由模型(4)可知,人力资本对收入水平有显著正向影响,模型(5)中的中介变量收入水平系数显著为正,验证了人力资本通过收入水平对经济增长条件的作用路径。此外,为了保证结论的稳健性,Sobel检验统计量的值为9.299(在1%水平上显著),在收入水平这条路径上,人力资本对经济增长条件的间接效应为90.09%,这表明人力资本主要通过影响收入水平进而对经济增长条件产生影响。

表7-3 技术创新和收入水平对经济增长条件的中介效应

变量	模型(1) CEG	模型(2) TI	模型(3) CEG	模型(4) GPC	模型(5) CEG
hum	0.097 1*** (13.67)	1.64*** (5.00)	0.069 9*** (14.66)	2.03*** (24.44)	0.009 6 (0.90)
TI			0.016 6*** (20.50)		
GPC					0.043 1*** (10.06)
Constant	-0.624 0*** (-9.80)	-11.01*** (-3.75)	-0.441 3*** (-10.51)	-13.68*** (-18.35)	-0.035 1 (-0.44)
N	300	300	300	300	300
R^2	0.385 4	0.077 5	0.745 6	0.667 1	0.541 5
Sobel检验		Z=4.86,对应的P值为0		Z=9.299,对应的P值为0	
中介效应		中介效应占总效应的比重为28.02%		中介效应占总效应的比重为90.09%	

数据来源:《中国统计年鉴》《中国科技统计年鉴》《中国能源统计年鉴》《中国劳动和就业统计年鉴》及各省统计年鉴,经过计算得出。

（三）对经济增长过程中介效应检验结果

技术创新、收入水平在人力资本与经济增长过程之间的中介效应检验结果如表7-4所示。模型（1）显示人力资本的估计系数为0.108 49（在1%水平下显著），对经济增长过程有积极影响；模型（2）中人力资本的估计系数为1.64（在1%水平下显著），对技术创新有积极影响；模型（3）中人力资本和技术创新的估计系数分别为0.097 3和0.006 9，在1%水平下均显著为正，验证了人力资本通过技术创新对经济增长过程的传导机制。此外，为了保证结果的稳健性，本文还对中介效应做了Sobel检验，结果显示Sobel检验统计量的值为3.972，在1%的显著性水平下再次证实了技术创新确实为人力资本与经济增长过程之间的中介变量。进一步分析发现，中介效应占总效应的比重为10.36%，由于模型未引入其他控制变量，根据式（7-5），总效应等于直接效应和间接效应之和，如果不考虑其他影响路径，在技术创新这条路径上人力资本对经济增长过程的直接影响占89.64%，这表明人力资本对经济增长过程的影响更多体现在直接效应上。模型（4）—（5）分析了收入水平的中介效应。由模型（4）可知，人力资本对收入水平有显著正向影响，模型（5）中人力资本和收入水平的回归系数均显著为正，二者均对经济增长过程有促进作用，验证了人力资本通过收入水平影响经济增长过程的作用路径。Sobel检验统计量的值为3.751（在1%水平上显著），在收入水平这条路径上，人力资本对经济增长过程的间接效应为30.71%，这表明人力资本对经济增长过程的影响更多体现在直接效应上。

表7-4 技术创新和收入水平对经济增长过程的中介效应

变量	模型（1）PEG	模型（2）TI	模型（3）PEG	模型（4）GPC	模型（5）PEG
hum	0.108 49*** （17.12）	1.64*** （5.00）	0.097 3*** （15.73）	2.03*** （24.44）	0.075 2*** （7.00）
TI			0.006 9*** （6.53）		
GPC					0.016 4*** （3.80）

续表

变量	模型（1） PEG	模型（2） TI	模型（3） PEG	模型（4） GPC	模型（5） PEG
Constant	−0.715 7*** （−12.60）	−11.01*** （−3.75）	−0.640 3*** （−11.76）	−13.68*** （−18.35）	−0.491 5*** （−6.06）
N	300	300	300	300	300
R^2	0.495 8	0.077 5	0.559 1	0.667 1	0.519 1
Sobel 检验	\multicolumn{3}{c}{Z=3.972，对应的P值为0}	\multicolumn{2}{c}{Z=3.751，对应的P值为0.000 2}
中介效应	\multicolumn{3}{c}{中介效应占总效应的比重为10.36%}	\multicolumn{2}{c}{中介效应占总效应的比重为30.71%}

数据来源：《中国统计年鉴》《中国科技统计年鉴》《中国能源统计年鉴》《中国劳动和就业统计年鉴》及各省统计年鉴，经过计算得出。

（四）对经济增长结果中介效应检验结果

技术创新、收入水平在人力资本与经济增长结果之间的中介效应检验结果如表7-5所示。模型（1）显示人力资本的估计系数为0.082 9（在1%水平下显著），对经济增长结果有积极影响；模型（2）中人力资本的估计系数为1.64（在1%水平下显著），对技术创新有积极影响；模型（3）中人力资本和技术创新的估计系数分别为0.073 7和0.005 6，在1%水平下均显著为正，验证了人力资本通过技术创新对经济增长结果的传导机制。此外，为了保证结果的稳健性，本文还对中介效应做了Sobel检验，结果显示Sobel检验统计量的值为4.54，在1%的显著性水平下再次证实了技术创新确实为人力资本与经济增长结果之间的中介变量。进一步分析发现，中介效应占总效应的比重为11.12%，由于模型未引入其他控制变量，根据式（7-5），总效应等于直接效应和间接效应之和，如果不考虑其他影响路径，在技术创新这条路径上，人力资本对经济增长结果的直接效应所占比重为88.88%，这表明人力资本对经济增长结果的影响更多体现在直接效应上。模型（4）—（5）分析了收入水平的中介效应。由模型（4）可知，人力资本对收入水平有显著正向影响，模型（5）中人力资本和收入水平的回归系数显著为正，二者均对经济增长结果有促进作用，验证了人力资本通过收入水平影响经济增长结果的作用路径。Sobel检验统计量的值为11.91（在1%水平上显著），在收入水平这条路径上，人力资本对经济增长结果的间接效应为63.36%，这表明人力资本主要通过影响收入水平进而对经济增长结果产生影响。

表7-5　技术创新和收入水平对经济增长结果的中介效应

变量	模型（1）REG	模型（2）TI	模型（3）REG	模型（4）GPC	模型（5）REG
hum	0.082 9*** （23.93）	1.64*** （5.00）	0.073 7*** （24.09）	2.03*** （24.44）	0.030 4*** （6.44）
TI			0.005 6*** （10.83）		
GPC					0.025 9*** （13.64）
Constant	−0.179 2*** （−5.77）	−11.01*** （−3.75）	−0.117 4*** （−4.36）	−13.68*** （−18.35）	0.174 2*** （4.89）
N	300	300	300	300	300
R^2	0.657 8	0.077 5	0.754 7	0.667 1	0.789 6
Sobel检验		Z=4.54，对应的P值为0		Z=11.91，对应的P值为0	
中介效应		中介效应占总效应的比重为11.12%		中介效应占总效应的比重为63.36%	

数据来源：《中国统计年鉴》《中国科技统计年鉴》《中国能源统计年鉴》《中国劳动和就业统计年鉴》及各省统计年鉴，经过计算得出。

第二节　人力资本对经济增长质量影响的调节效应检验

一、模型的设定

为了验证市场化对人力资本作用于经济增长质量的调节效应，本文构建了如下回归模型：

$$QEG_{it} = \beta_0 + \beta_1 hum_{it} + \beta_2 hum_{it} \times mp_{it} + \beta_3 fa_{it} + \beta_4 gov_{it} + \beta_5 dr_{it} + \beta_6 fdi_{it} + \beta_7 inf_{it} + \varepsilon_{it} \qquad (7-13)$$

人力资本对经济增长质量的边际效应为：

$$\frac{\Delta QEG}{\Delta hum} = \beta_1 + \beta_2 mp \qquad (7-14)$$

市场化的调节效应为：

$$\frac{\Delta(\frac{\Delta QEG}{\Delta hum})}{\Delta mp} = \beta_2 \qquad (7-15)$$

若 $\beta_2 > 0$，则随着市场化水平提高，人力资本对经济增长质量的边际效应增强；反之，若 $\beta_2 < 0$，则随着市场化水平提高，人力资本对经济增长质量的边际效应减弱。

二、变量设定及数据说明

1. 被解释变量

经济增长质量（QEG）是本研究的核心变量，各地区经济增长质量利用前文构建的评价指标体系，采用熵权Topsis方法得到。

2. 核心解释变量

人力资本（hum）是本研究的核心解释变量，采用平均受教育年限来表示。

3. 调节变量

市场化水平（mp）为调节变量，根据王小鲁和樊纲的报告得出，前文已多次提到，此处不再赘述。

4. 控制变量

物质资本水平（fa）、政府干预（gov）、抚养比（dr）、外商直接投资（fdi）、基础设施（inf），含义与前文相同，此处不再赘述。如前文所述，由于西藏和港澳台地区的部分数据缺失，本研究基于2008—2017年中国30个省、自治区、直辖市的年度面板数据，进行实证分析和检验。

本研究的数据来自《中国统计年鉴》《中国科技统计年鉴》《中国能源统计年鉴》《中国劳动和就业统计年鉴》及各省统计年鉴、《中国分省市市场化指数报告（2016）》。

三、检验结果分析

模型（1）人力资本的估计系数为0.092 7（在1%水平下显著），对经济增长质量有显著的正向影响；模型（2）加入了其他控制变量，人力资本的估计系数为0.062 9（在1%水平下显著），但对经济增长质量的影响有所减小；模型（3）在模型（1）的基础上加入了人力资本和市场化的交互项，结果显示人力资本的估计系数为0.027 4（在1%水平下显著），而且交互项的系数也显著为正；模型（4）在模型（3）的基础上加入了其他控制变量，结果显示人力资本及交互项的系数依然显著为正，说明人力资本对经济增长质量的影响会随市场化水平的上升而不断提高。其他控制变量方面，资本存量、抚养比的估计系数显著为负，对经济增长质量有消极影响；政府干预和基础设施的估计系数显著为正，对经济增长质量有积极影响（见表7-6）。

表7-6 市场化对人力资本影响经济增长质量的调节效应

变量	模型（1）QEG	模型（2）QEG	模型（3）QEG	模型（4）QEG
hum	0.092 7*** （19.44）	0.062 9*** （8.12）	0.027 4*** （4.56）	0.019 5*** （2.91）
hum×mp			0.003 6*** （13.84）	0.005 1*** （14.27）
fa		−0.002 1** （−2.27）		−0.006 8*** （−8.59）
gov		0.086 5* （1.66）		0.365 8*** （8.19）
dr		−0.386 5*** （−4.50）		−0.422 7*** （−6.40）
fdi		0.273 9 （0.97）		−0.028 9 （−0.13）

续 表

变量	模型（1）QEG	模型（2）QEG	模型（3）QEG	模型（4）QEG
inf		0.0967*** （8.59）		0.0179* （1.75）
constant	−0.5026*** （−11.76）	−0.1903** （−2.33）	−0.1289*** （−3.00）	−0.0192 （−0.30）
N	300	300	300	300
R^2	0.5590	0.6842	0.7320	0.8139

注：*、**、***分别代表该系数估计结果在10%、5%和1%的水平下显著，括号内为检验统计量值。

数据来源：《中国统计年鉴》《中国科技统计年鉴》《中国能源统计年鉴》《中国劳动和就业统计年鉴》及各省统计年鉴、《中国分省市市场化指数报告（2016）》，经过计算得出。

模型（1）主要考察东部地区人力资本对经济增长质量的影响，结果显示人力资本的估计系数为0.0958（在1%水平下显著），对经济增长质量有正向影响；模型（2）在模型（1）的基础上引入了人力资本与市场化的交叉项，人力资本的回归系数依然显著为正，交叉项的系数也显著为正，表明人力资本对经济增长质量的影响会随着市场化水平提高逐渐增强；模型（3）主要考察中部地区人力资本对经济增长质量的影响，结果显示人力资本的回归系数不显著，通过对基础数据的分析发现，中部地区经济增长质量地区间较为接近，容易形成多重共线性；模型（4）在模型（3）的基础上引入了人力资本与市场化的交叉项，结果显示交叉项的系数也显著为正，表明市场化水平提高能够提升人力资本对经济增长质量的影响；模型（5）考察了西部地区人力资本对经济增长质量的影响，结果显示人力资本的估计系数为0.0222（在1%水平下显著），对经济增长质量有积极影响；模型（6）在模型（5）的基础上引入了人力资本与市场化的交叉项，人力资本的回归系数依然显著为正，交叉项的系数也显著为正，表明人力资本对经济增长质量的影响会随着市场化水平提高逐渐增强。从调节效应的程度来看，市场化的调节效应在东部地区最大为0.0040，西部地区最小为0.0018，中部地区居中为0.0029，东部地区市场化对人力资本作用于经济增长质量的调节效应远远高于中、西部地区。可能的原因是，东部地区整体经济和生态环境均好于中、西部地区，资源配置效率较高，同时金融、外贸等领域发展也绝非中、西部地区能比的，集结了大量高素质人才，对市场化的调节效应起到促进作用（见表7-7）。

表7-7　分地区市场化对人力资本影响经济增长质量的调节效应

变量	东部 模型（1）	东部 模型（2）	中部 模型（3）	中部 模型（4）	西部 模型（5）	西部 模型（6）
hum	0.0958*** (7.45)	0.0479*** (4.05)	−0.0077 (−1.28)	−0.0171*** (−3.60)	0.0222*** (3.39)	0.0151** (2.41)
hum×mp		0.0040*** (7.91)		0.0029*** (7.23)		0.0018** (4.34)
fa	−0.0079*** (−5.29)	−0.0113*** (−8.97)	0.0044*** (6.62)	−0.0010 (−1.10)	0.0012* (1.73)	−0.0004 (−0.54)
gov	−0.0129 (−0.09)	0.2880** (2.44)	−0.1766** (−2.06)	0.1196 (1.54)	−0.0390 (−1.09)	0.0758* (1.79)
dr	−0.7198*** (−3.87)	−0.7635*** (−5.19)	−0.3968*** (−6.41)	−0.2262*** (−4.27)	0.1384** (2.11)	0.0581 (0.92)
fdi	−1.6100*** (−4.31)	−1.2600*** (−4.23)	3.6500*** (11.15)	1.6000*** (4.25)	0.9006** (2.12)	0.6673* (1.68)
inf	0.0957*** (4.80)	0.0435** (2.54)	0.0219** (2.56)	−0.0059 (−0.78)	0.0334*** (4.15)	0.0118 (1.32)
constant	−0.2003 (−1.38)	0.0113 (0.10)	0.3833*** (6.59)	0.3034*** (6.61)	−0.0146 (−0.21)	−0.0049 (−0.08)
N	110	110	80	80	110	110
R^2	0.7704	0.8557	0.7450	0.8523	0.5903	0.6541

注：*、**、***分别代表该系数估计结果在10%、5%和1%的水平下显著，括号内为检验统计量值。

数据来源：《中国统计年鉴》《中国科技统计年鉴》《中国能源统计年鉴》《中国劳动和就业统计年鉴》及各省统计年鉴、《中国分省市市场化指数报告（2016）》，经过计算得出。

第三节 本章小结

本章在第三章人力资本对经济增长质量影响机制分析的基础上，通过中介效应计量模型，实证检验了技术创新、收入水平在人力资本对经济增长质量及其分解中所起的中介效应，从而第三章的假设1、假设1a、假设1b、假设1c、假设2、假设2a、假设2b、假设2c得到验证。在此基础上，构建面板数据模型检验了市场化对人力资本作用经济增长质量的调节效应，从而第三章的假设3得到验证，人力资本对经济增长质量的影响路径如图7-2所示。通过本章分析，能够发现人力资本不但对经济增长质量有直接影响，还可以通过技术创新和收入水平间接作用经济增长质量，应充分发挥这种中介作用，与此同时还应提升市场化水平，提升人力资本对经济增长质量作用效率，促进经济增长质量的提升。

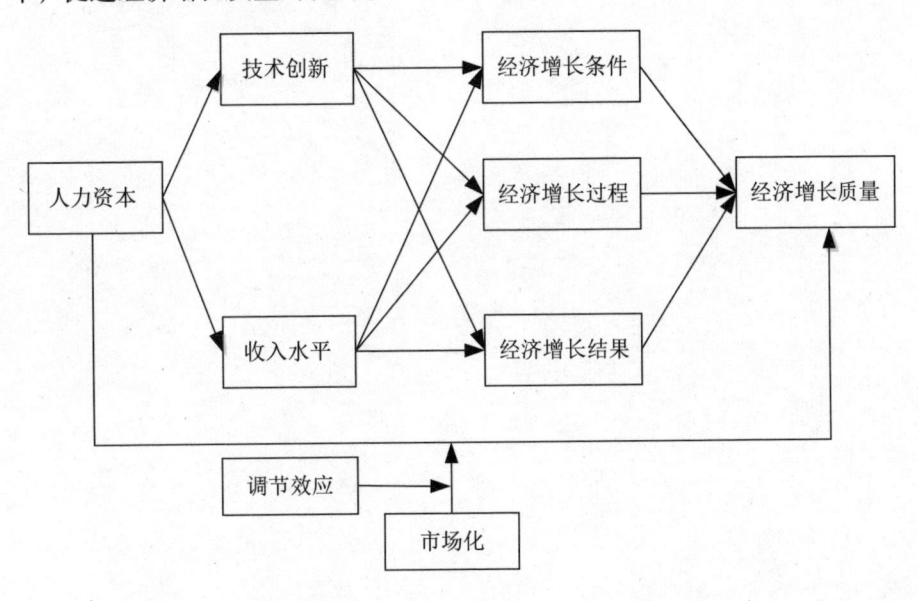

图7-2 人力资本对经济增长质量的影响路径（根据本文实证结果绘制）

第八章

研究结论与展望

第八章

第一节 主要结论

在目前我国人口红利消失，资源浪费严重，生态环境恶化的背景下，本书以理论研究结合实证检验相互印证的方式，对人力资本影响经济增长质量的机制展开研究。首先，本书对人力资本和经济增长质量的相关理论进行梳理，并系统分析了人力资本对经济增长质量的影响机理和影响路径，从而提出了基本假设。其次，在已有研究的基础上，构建了经济增长质量评价指标体系，借助熵权Topsis方法对2008—2017年各地区经济增长质量及分维度经济增长的条件、过程和结果进行综合评价和特征分析。再次，本书通过构建面板数据分析模型和空间计量模型，检验了人力资本对经济增长质量的影响和空间溢出效应。最后，借助面板数据模型，对人力资本影响经济增长质量的路径进行实证检验。通过本书的研究主要得到以下结论：

（1）人力资本的测算结果显示，中国整体人力资本水平持续增长，各省人力资本则呈现波动上升状态，人力资本排名前五位的依次为北京、上海、天津、辽宁、山西；排名后五位的依次为贵州、云南、青海、甘肃、四川。人力资本在地区间的差距明显，2014年地区间人力资本差距最小，2010年地区间人力资本差距最大。从空间分布来看，高水平人力资本集中于北上广和东北地区；中等水平人力资本集中于中部地区，部分位于东部地区；低水平人力资本集中于西部地区，部分位于中部地区。

（2）经济增长质量的测算结果显示，中国经济增长质量指数呈持续增长状态，经济增长条件和经济增长结果波动上升明显，经济增长过程上升幅度较小。从地区层面看，经济增长质量呈现波动上升状态，但地区间经济增长质量差距较大，2009年地区间经济增长质量差距最小，2012年地区间经济增长质量差距最大。从空间分布上看，中国省域经济增长质量呈现由东向西递减的趋势，京津和东南沿海地区经济增长质量较高，西部地区经济增长质量较低。

（3）根据人力资本对经济增长质量的实证分析结果，发现人力资本对经济增长质量及其分维度经济增长条件、过程和结果均有明显的促进作用。人力资本对经济增长质量及分维度的影响存在时空异质性。从对经济增长质量的影响来看，人力资本对东部地区的影响明显高于中、西部地区，且随着时间的推移影响程度明显增强；从对经济增长条件的影响来看，对西部地区的影响明显低于东、中部地区，而且随着时间的推移影响程度明显增强；从对经济增长过程的影响来看，人力资本对中部地区的影响明显高于东、西部地区，随着时间的推移影响程度有所减弱；从对经济增长结果来看，对西部地区的影响明显高于东、中部地区，随着时间的推移影响程度明显增强。

（4）在人力资本对经济增长的空间效应中，研究发现经济增长质量的空间溢出效应显著为正。人力资本积累和人力资本集聚对本地区经济增长质量有积极影响，但也因为虹吸效应不利于周边地区经济增长质量的改善。从经济增长的条件、过程和结果3个不同维度来看，经济增长条件空间溢出效应显著为正，人力资本积累和人力资本集聚有利于本地区经济增长条件的提高，但却不利于周边地区经济增长条件的改善；经济增长过程空间溢出效应显著为正，人力资本积累对经济增长过程的影响没有得到有效的证据支持，而人力资本集聚有利于本地区经济增长过程的优化，但却不利于周边地区经济增长过程的改善；经济增长结果的空间溢出效应显著为正，人力资本积累和人力资本集聚对本地区经济增长结果有积极影响，但对周边地区经济增长结果的影响则没有得到有效的证据支持。

（5）在人力资本对经济增长质量的机制检验中，能够发现人力资本可以通过影响技术创新和收入水平从而对经济增长条件、经济增长过程和经济增长结果产生影响，并最终将影响传导到经济增长质量。市场化在人力资本作用经济增长质量的过程中具有调节效应，随着市场化水平的提高，影响程度明显增强。市场化的调节效应明显具有区域异质性，东部地区的市场化调节效应远远高于中、西部地区。综上所述，在人力资本水平无法在短期内迅速提高的情况下，可以考虑充分发挥技术创新和收入水平的中介效应，提升人力资本对经济增长质量的间接影响，还可以通过提升市场化水平，更大限度地发挥人力资本的作用，从而提升经济增长质量。

第二节　政策启示

根据本书研究结论，并结合我国人力资本现状和经济增长质量的实际情况，给出如下优化人力资本配置提升经济增长质量的政策建议。

第一，加强人力资本投资，促进人力资本积累。本书的研究结果表明，人力资本存量对经济增长质量及经济增长的条件、过程和结果均有显著的正向影响。

首先，教育是人力资本形成的关键要素，我国人口众多，尤其农村人口所占比重较大，对教育的重要性认识明显不足，导致农村人口受教育程度明显偏低。因此应该加强教育投资，尤其是对农村的教育投资，解决农村教育资源不足的问题，为农村教育的发展创造有利条件，为人力资本积累提供必要支撑。其次，考虑到健康在人力资本积累中的重要性，国家应该加大医疗保障方面的投入，为人民的健康保驾护航。我国总人口已超过14亿，需要庞大而完善的医疗服务体系才能满足人们的需要，但我国的医疗资源极不均衡，边远和农村地区医疗资源比较匮乏，无法满足人们的需要，影响了健康人力资本的积累。最后，应该健全公共服务体系，搭建较多的技能培训平台，提升劳动力的技能水平和业务能力，有利于人力资本积累。教育虽然能够提升人的综合素质，但理论知识与现实还是存在一定的差距，通过技能培训，将理论与实践相结合对人力资本提升大有裨益。

第二，合理配置人力资本，提升经济增长质量。本书研究结果表明，人力资本积累能够提升本地区的经济增长质量，但却因为虹吸效应不利于周边地区经济增长质量的改善，在人力资本存量无法在短时间内迅速提高的条件下，如何有效配置人力资本，提升其对经济增长质量的影响效应就成为当前一种必然的选择。

（1）我国东部尤其是沿海地区因经济发达和营商环境较好，收入水平较高，同时自然生态环境也较好，所以集聚了大量高素质劳动力，这些地区的经济增长质量也较高，但也因为虹吸效应对周边城市的经济增长质量产生不利影响。东部地区一些城市人力资本高度聚集，同质性人力资本较多，工作岗位上的激烈竞争使一些人为了能够留在这些城市只能从事一些与自身人力资本不相匹配的工作，对经济增长质量的作用较小，应该引导这些同质性较强的人力资本向中、西部地区转移，从而有利于中、西部地区人力资本水平的提高，带动中、西部地区经济增长质量的提升。由于本书采用平均受教育年限来衡量人力资本，同质性较强的人力资本的转移可能对东部地区的人力资本水平影响不大，对经济增长质量的影响也不大，但却有利于提升中、西部地区的经济增长质量。

（2）对中、西部地区而言，由于经济发展较东部地区有些差距，尤其西部某些地区自然环境相对较差，吸引高层次人才流入存在一定困难。首先，这些地区应该制定科技援助和人才交流战略，鼓励高层次人才到中、西部地区参与交流合作，同时地方政府也应该为这些优秀人才创造良好的科研环境，为他们组建科研团队提供必要支撑，即使交流期结束，高层次人才未能留在这些地区发展，大量科研团队的建立也将带动当地人力资本水平的提升，从而推动经济增长质量的提高；其次，东部沿海城市房价普遍较高，而且存在激烈的竞争，会使一些同质性较强的人力资本逃离这些地区，选择在中、西部地区发展，中、西部地区应借此机会吸引和留住这些人才，并将相关资源向他们倾斜，给他们充足的发展空间，以提升人力资本水平促进经济增长质量的提升；最后，中、西部地区有大量的富余劳动力，但因为信息闭塞无法走出去，中、西部地区应搭建和完善就业服务信息平台，使这些人力资本获得充分利用，有利于国家整体经济增长质量的改善。

第三，通过提升市场化水平，促进中国经济增长质量整体提高。本书通过调节效应分析，验证了市场化在提升经济增长质量过程中的重要性，人力资本总量在短期内是无法迅速提高的，但可以通过提升市场化水平，更大限度地发挥资本对经济增长质量的作用，可以采取以下措施提升市场化水平。

(1)要正确处理政府与市场的关系。市场化的核心是减少政府干预,以通过价格自动调节市场机制,将生产要素和产品在市场上合理配置,从而实现帕累托最优。但市场化并不等于可以完全脱离政府,对于国计民生的很多行业,如石油、煤炭、电力、军事等行业则必须以政府为主导。

(2)引入竞争机制,促进非国有经济的发展。在我国经济发展初期,国有经济在经济中占有较大比重,国有企业很多成立较早,具有一定的规模优势,与私营企业相比,在政策和资金上也更容易获得国家支持,但是大多国有企业因长期受政府扶持,导致企业缺乏竞争力与创新精神,只有大力推进非国有企业的发展,才能发挥价格在市场中的作用,提升市场化水平。

(3)营造良好的法制环境。研究法制环境是市场化的重要组成部分,完善的法律制度有利于市场化程度的提高。市场化虽然以价格为准绳,但也需要完善的法律制度保障在公平和透明的市场环境下进行交易。如果没有完善的法律制度为市场经济保驾护航,很难保证某些人不会利用手中的权利牟取私利,导致公民的权利受到损害,从而丧失工作积极性,对市场活力产生不利影响。法制环境恶化也容易导致市场失灵,形成垄断和贫富差距过大,对市场经济发育和生活的和谐稳定都会产生重要影响。

第四,要充分发挥技术创新和收入水平在人力资本与经济增长质量间的中介作用。本书研究发现,人力资本不但对经济增长质量有直接影响,还能够通过作用技术创新和收入水平影响经济增长质量。所以,要注重人力资本和中介变量的关系,提升人力资本对技术创新和收入水平的影响,避免中介效应不足,导致人力资本对经济增长质量作用的低效率。

(1)提升人力资本对技术创新的影响。人力资本是技术创新的关键要素,尤其高素质人力资本更是技术创新的主要动力。因此,应加大对高素质人力资本的支持力度,为高技能人才的技术研发提供有力平台,提升技术创新的效率;此外还应加强知识产权保护力度,只有对权利人的智力成果及其合法权利给予及时全面的保护,才能调动人们发明创造的积极性,从而为技术创新提供必要的支撑。

(2)提升技术创新对经济增长质量的影响。创新是经济增长质量提升的内生动力,实现高质量增长的关键是技术创新。因此,要充分利用技术创新推动产业结构升级,顺应国家供给侧结构性改革的大局,淘汰落后产能,提升经济增长的效率;此外在自主研发的基础上还应该引进国外的先进技术,提升能源利用效率,保护生态环境,从而提升经济增长质量。

(3)提升人力资本对收入水平的影响。人力资本是收入的重要影响因素,收入也可以看作人力资本投资的一种补偿,提高人力资本对收入水平的影响也是对人力资本投资的一种激励,有利于人力资本水平的整体提升。因此,国家应该提升高学历者的收入水平,除了提高基本的工资待遇外,还应该加大科研奖励力度,尤其增加科研项目的中标比例,尽可能多地提供校企合作平台,增加高学历者的收入。对于中低学历者,往往存在就业难的问题,国家应多搭建就业平台,提供更多的就业机会,从而提高这一群体的收入。此外,要进行薪酬制度改革,重视知识的价值,提供良性竞争平台,充分发挥人力资本对收入的影响。

(4)提升收入水平对经济增长质量的影响。量变到质变是事物的发展规律,收入水平的提高是经济增长提升的前提。人们的收入水平提高后消费必然升级,所以应该提高消费品的层次和质量,更好地满足人们的生活需要,同时提高能源利用效率和生态环境治理,满足人们对高质量生活的需要,从而提升收入水平对经济增长质量的影响效应。

第三节　研究展望

本书从理论和实证两个方面系统分析和论证了人力资本对经济增长质量的作用机制。但深入思考之后发现本书的研究仍存在一些不足之处,需要在以后的研究中进一步探索。

(1)本书虽然从宏观角度详细论证了人力资本对经济增长质量的影响机制,但囿于微观数据的限制,对人力资本的度量仅局限于教育因素,而没有考虑工作经验、技能培训、健康状况、劳动力迁移等其他形式的人力资本,

第八章 研究结论与展望

随着大数据的不断发展，将为研究其他形式人力资本对经济增长质量的影响提供必要的支撑，值得在以后的研究中进行深入分析。

（2）本书虽然考察了人力资本可以通过收入水平和技术创新影响经济增长质量，但由于经济增长质量内涵丰富，这两条传导路径可能不足以完全表达人力资本对经济增长质量的全部影响过程，可能还存在未被描述的机制。因此，从理论上进一步完善人力资本对经济增长质量的影响机制，并将研究成果应用到中国的实际中成为未来的一个主要研究方向。

（3）本书尽管采用空间计量分析方法考察了人力资本对经济增长质量的溢出效应，并结合现有经济理论和观点对研究结果进行了解释，但这些解释相对于本书丰富的实证分析结果仍然不够充分。因此，如何从理论上进一步阐释人力资本对经济增长质量的空间溢出机理并用于分析中国经济增长质量的现实，在以后的研究中值得深入探讨。

附 录

附录[①]

（1）经济增长质量计算R语言程序

```
read.csv("a.csv",header=T)->data1
data1
n=300
m=23
p=matrix(1,n,m)
for(i in 1:n){for(j in 1:m) p[i,j]=data1[i,j]/sum(data1[,j])}
p
e<-runif(m)
e
for(j in 1:m){e[j]=(-1/log(n))*sum(p[,j]*log(p[,j]))}
e
w1<-runif(m)
for(j in 1:m){w1[j]=(1-e[j])/sum(1-e)}
w1
read.csv("b.csv",header=T)->data2
data2
A1=matrix(1,n,m)
for(i in 1:n){for(j in 1:m) A1[i,j]=data2[i,j]/sqrt(sum((data2[,j])^2))}
A1
A2<-rnorm(m)
for(j in 1:m){A2[j]=max(A1[,j])}
A2                    #最优方案
```

[①] 由于一些结果较为繁杂，放在文中占用的篇幅太大，故将计算程序附上。

```
A3<-rnorm(m)
for(j in 1:m){A3[j]=min(A1[,j])}
A3                    #最劣方案
D1<-rnorm(n)
for(i in 1:n){D1[i]=sqrt(sum(w1*(A1[i,]-A2)^2))}
D1                    #评价方案与最优方案距离
D2<-rnorm(n)
for(i in 1:n){D2[i]=sqrt(sum(w1*(A1[i,]-A3)^2))}
D2                    #评价方案与最劣方案距离
C1<-rnorm(n)
for(i in 1:n){C1[i]=D2[i]/(D1[i]+D2[i])}
C1                    #第i个方案经济增长质量
D1<-rnorm(n)
for(i in 1:n){D1[i]=sqrt(sum(w1[1:5]*(A1[i,][1:5]-A2[1:5])^2))}
D1                    #评价方案与最优方案距离
D2<-rnorm(n)
for(i in 1:n){D2[i]=sqrt(sum(w1[1:5]*(A1[i,][1:5]-A3[1:5])^2))}
D2                    #评价方案与最劣方案距离
C2<-rnorm(n)
for(i in 1:n){C2[i]=D2[i]/(D1[i]+D2[i])}
C2                    #第i个方案经济增长条件
D1<-rnorm(n)
for(i in 1:n){D1[i]=sqrt(sum(w1[6:13]*(A1[i,][6:13]-A2[6:13])^2))}
D1                    #评价方案与最优方案距离
D2<-rnorm(n)
for(i in 1:n){D2[i]=sqrt(sum(w1[6:13]*(A1[i,][6:13]-A3[6:13])^2))}
D2                    #评价方案与最劣方案距离
C3<-rnorm(n)
```

```
for(i in 1:n){C3[i]=D2[i]/(D1[i]+D2[i])}
C3                      #第i个方案经济增长过程
D1<-rnorm(n)
for(i in 1:n){D1[i]=sqrt(sum(w1[14:23]*(A1[i,][14:23]-A2[14:23])^2))}
D1                      #评价方案与最优方案距离
D2<-rnorm(n)
for(i in 1:n){D2[i]=sqrt(sum(w1[14:23]*(A1[i,][14:23]-A3[14:23])^2))}
D2                      #评价方案与最劣方案距离
C4<-rnorm(n)
for(i in 1:n){C4[i]=D2[i]/(D1[i]+D2[i])}
C4                      #第i个方案经济增长结果
A<-data.frame(C2,C3,C4)
A
setwd("F:\\")
write.table(A,"sample.csv",sep=",")
write.table(w1,"sample1.csv",sep=",")
```

（2）地理距离测算R语言程序

```
read.csv("q.csv",header=T)->D    #D为各省间的距离矩阵，以省会间距离代替。
D<-as.matrix(D)
W1<-1/D
W1
```

（3）经济距离计算R语言程序

```
read.csv("GDP.csv")->data
data
n=30
t=30
E<-matrix(1,n,t)
```

```
for(i in 1:n){for(j in 1:t) E[i,j]=1/abs(data[i,1]-data[j,1])}
E
for(i in 1:n){for(j in 1:t) if(E[i,j]!=Inf) E[i,j]=E[i,j]
    else
        E[i,j]=0}
E
read.csv("q.csv",header=T)->D    #D为各省间的距离矩阵，以省会间距离代替。
D<-as.matrix(D)
W1<-1/D
W1
for(i in 1:n){for(j in 1:t) if(W1[i,j]!=Inf) W1[i,j]=W1[i,j]
    else
        W1[i,j]=0}
W1
W<-W1*E
W
setwd("F:\\")
write.table(W,"sample.csv",sep=",")
```

参考文献

[1] Schultz T W. Investment in human capital[J]. The American Economic Review, 1961, 51(1): 1-17.

[2] Solow R M. A contribution to the theory of economic growth[J]. The Quarterly Journal of Economics, 1956, 70(1): 65-94.

[3] Romer P M. Increasing returns and long-run growth[J]. Journal of Political Economy, 1986, 94(5): 1002-1037.

[4] Lucas R E. On the Mechanics of Economic Development[J]. Journal of Monetary Economics, 1988, 22(1): 3-42.

[5] Uzawa H. Optimum technical change in an aggregative model of economic growth[J]. International Economic Review, 1965, 6(1): 18-31.

[6] Romer P M. Endogenous technological change[J]. Journal of Political Economy, 1989, 14(3): 71-102.

[7] Romer P M. Capital, labor, and productivity[J]. Brookings Papers on Economic Activity. Microeconomics, 1990: 337-367.

[8] Aghion P, Ljungqvist L, Howitt P, et al. Endogenous Growth Theory[M]. MIT press, 1998.

[9] Mankiw N G, Romer D, Weil D N. A contribution to the empirics of economic growth[J]. The Quarterly Journal of Economics, 1992, 10(2): 407-437.

[10] 杨建芳, 龚六堂, 张庆华. 人力资本形成及其对经济增长的影响——一个包含教育和健康投入的内生增长模型及其检验[J]. 管理世界, 2006(5): 10-18, 34, 171.

[11] 王弟海, 龚六堂, 李宏毅. 健康人力资本、健康投资和经济增长——以中国跨省数据为例[J]. 管理世界, 2008(3): 27-39.

[12] Benhabib J, Spiegel M M. The role of human capital in economic development evidence from aggregate cross-country data[J]. Journal of Monetary Economics, 1994, 34(2): 143-173.

[13] Krueger A B, Lindahl M. Education for growth: Why and for whom?[J]. Journal of Economic Literature, 2001, 39(4): 1101-1136.

[14] Mankiw N G, Romer D, Weil D N. A contribution to the empirics of economic growth[J]. The Quarterly Journal of Economics, 1992, 107(2): 407-437.

[15] 李旷. 教育人力资本对经济增长的实证研究[J]. 中国商论, 2019(20): 113-114.

[16] 董志华. 人力资本对我国经济增长影响的统计检验[J]. 统计与决策, 2017(23): 137-140.

[17] 方超, 罗英姿. 教育人力资本及其溢出效应对中国经济增长的影响研究——基于Lucas模型的空间计量分析[J]. 教育与经济, 2016(4): 21-29.

[18] Barro R J, Lee J W. Sources of economic growth, Carnegie-Rochester conference series on public policy[J]. North-Holland, 1994, 40: 1-46.

[19] Fogel R W. Economic growth, population theory, and physiology: the bearing of long-term processes on the making of economic policy[J]. American Economic Review, 1994, 84(3), 369-395.

[20] 余静文, 苗艳青. 健康人力资本与中国区域经济增长[J]. 武汉大学学报（哲学社会科学版）, 2019, 72(5): 161-175.

[21] 李德煌, 夏恩君. 人力资本对中国经济增长的影响——基于扩展Solow模型的研究[J]. 中国人口·资源与环境, 2013, 23(8): 100-106.

[22] 张汝根, 胡圣训. 基于扩展的solow模型人力资本存量对经济增长贡献实证研究——以山东省为例[J]. 商业经济, 2020(1): 107-109, 181.

[23] Nelson R R, Phelps E S. Investment in humans, technological diffusion, and economic growth[J]. The American Economic Review, 1966(56): 69-75.

[24] Aiyar S S, Feyrer J. A contribution to the empirics of total factor productivity[J]. Dartmouth College Working Paper, 2002.

[25] Vandenbussche J, Aghion P, Meghir C. Growth, distance to frontier and composition of human capital[J]. Journal of Economic Growth, 2006, 11(2): 97-127.

[26] Barro R J. Economic growth in a cross section of countries[J]. The Quarterly Journal of Economics, 1991, 106(2): 407-443.

[27] 魏下海. 贸易开放、人力资本与全要素生产率的动态关系——基于非参数 Malmquist 指数与 VAR 方法[J]. 世界经济研究, 2009(3): 9-15, 87.

[28] 魏下海. 贸易开放、人力资本与中国全要素生产率——基于分位数回归方法的经验研究[J]. 数量经济技术经济研究, 2009, 26(7): 61-72.

[29] 魏下海. 异质型人力资本与中国全要素生产率增长：基于省际面板数据的经验分析[J]. 劳动经济评论, 2010, 3(00): 76-93.

[30] 魏下海. 人力资本、空间溢出与省际全要素生产率增长——基于三种空间权重测度的实证检验[J]. 财经研究, 2010, 36(12): 94-104.

[31] 魏下海, 张建武. 人力资本对全要素生产率增长的门槛效应研究[J]. 中国人口科学, 2010(5): 48-57, 111.

[32] 肖志勇, 魏下海. 教育不平等、人力资本与中国全要素生产率增长——来自省际面板数据的经验研究[J]. 统计与信息论坛, 2010, 25(3): 76-81.

[33] 李梦竹. OECD国家人力资本对全要素生产率增长作用的空间计量分析[J]. 经济统计学（季刊）, 2016(2): 176-184.

[34] Miller S M, Upadhyay M P. The effects of openness, trade orientation, and human capital on total factor productivity[J]. Journal of Development Economics, 2000, 63(2): 399-423.

[35] Krueger A B, Lindahl M. Education for growth: Why and for whom?[J]. Journal of Economic Literature, 2001, 39(4): 1101-1136.

[36] Söderbom M, Teal F. Openness and human capital as sources of productivity growth: An empirical investigation[J]. The Centre for the Study of African Economies Working Paper Series, 2003: 188.

[37] Hausmann R, Hwang J, Rodrik D. What you export matters[J]. Journal of Economic Growth, 2007, 12(1): 1-25.

[38] Romalis J. Factor proportions and the structure of commodity trade[J]. American Economic Review, 2004, 94(1): 67-97.

[39] 高永惠, 陶同. 西部产业结构变动与人才资源配置关系实证——以广西产业结构调整对人才资源需求为例[J]. 求索, 2006(5): 32-34.

[40] Benhabib J, Spiegel M M. The role of human capital in economic development evidence from aggregate cross-country data[J]. Journal of Monetary Economics, 1994, 34(2): 143-173.

[41] 王志刚, 龚六堂, 陈玉宇. 地区间生产效率与全要素生产率增长率分解(1978—2003年)[J]. 中国社会科学, 2006(2): 55-66, 206.

[42] Lucas R E. The industrial revolution: Past and future[J]. Lectures on Economic Growth, 2002: 109-188.

[43] Huang T L, Orazem P F, Wohlgemuth D. Rural population growth, 1950-1990: the roles of human capital, industry structure, and government policy[J]. American Journal of Agricultural Economics, 2002, 84(3): 615-627.

[44] Caselli F, Coleman II W J. The US structural transformation and regional convergence: A reinterpretation[J]. Journal of Political

Economy, 2001, 109(3): 584-616.

[45] Ciccone A, Papaioannou E. Human capital, the structure of production, and growth[J]. The Review of Economics and Statistics, 2009, 91(1): 66-82.

[46] 陈恩, 李卫卫. 人力资本积累与产业结构升级的双向关系研究[J]. 西北人口, 2017, 38(2): 18-23, 30.

[47] 傅智能, 黎舒圆. 人力资本积累与产业升级关系的实证分析——以湖北省为例[J]. 当代经济, 2019(8): 22-25.

[48] 林春艳, 孔凡超, 孟祥艳. 人力资本对产业结构转型升级的空间效应研究——基于动态空间Durbin模型[J]. 经济与管理评论, 2017(6): 122-129.

[49] 尹秀芳. 人力资本集聚、城镇化与产业结构升级——基于长三角城市群的实证分析[J]. 长春理工大学学报（社会科学版）, 2019, 32(5): 97-103.

[50] 陈朝阳, 韩子璇, 李小刚. 人力资本集聚及空间溢出对产业结构升级的影响研究——基于空间杜宾模型的实证分析[J]. 管理现代化, 2019, 39(3): 44-48.

[51] 靳卫东. 人力资本与产业结构转化的动态匹配效应——就业、增长和收入分配问题的评述[J]. 经济评论, 2010(6): 137-142.

[52] 李静, 楠玉. 人力资本错配下的决策：优先创新驱动还是优先产业升级？[J]. 经济研究, 2019, 54(8): 152-166.

[53] 高永惠, 陶同. 西部产业结构变动与人才资源配置关系实证——以广西产业结构调整对人才资源需求为例[J]. 求索, 2006(5): 32-34.

[54] 唐代盛, 冯慧超. 人力资本与产业结构耦合关系及其收入效应研究[J]. 当代经济管理, 2019, 41(11): 68-75.

[55] Mincer J. Investment in human capital and personal income distribution[J]. Journal of Political Economy, 1958, 66(4): 281-302.

[56] Mincer, J. Schooling, experience, and earnings[M]. New York:

Columbia University Press for the National Bureau of Economic Research, 1974.

[57] Viaene J M, Zilcha I. Human capital formation, income inequality, and growth [J]. SSRN Electronic Journal, 2001.

[58] Well D N. Accounting for the effect of health on economic growth[J]. The Quarterly Journal of Economics, 2007, 122(3): 1265-1306.

[59] 李黎明, 许珂. 人力资本、社会资本与收入差距——基于中国城市居民收入的分位回归模型分析[J]. 复旦教育论坛, 2017, 15(1): 83-90.

[60] 李学军. 人力资本对居民收入分配的影响——来自我国省级面板数据的证据[J]. 商业经济研究, 2017(17): 183-186.

[61] 温涛, 王小华, 董文杰. 金融发展、人力资本投入与缩小城乡收入差距——基于中国西部地区40个区县的经验研究[J]. 吉林大学社会科学学报, 2014, 54(2): 27-36, 171-172.

[62] 范晓莉, 崔艺苧. 异质性人力资本、基础设施与城乡收入差距——基于新经济地理视角的理论分析与实证检验[J]. 西南民族大学学报（人文社科版）, 2018, 39(11): 106-116.

[63] 孙敬水, 于思源. 行业收入差距影响因素及其贡献率研究——基于全国19个行业4085份问卷调查数据分析[J]. 山西财经大学学报, 2014, 36(2): 16-26.

[64] 邱兆林. 行业垄断、异质性人力资本与行业收入差距[J]. 经济与管理评论, 2014, 30(5): 18-25.

[65] 马磊. 人力资本结构、技术进步与城乡收入差距——基于中国2002—2013年30个省区面板数据的分析[J]. 华东经济管理, 2016, 30(2): 56-63.

[66] B D 卡马耶夫. 经济增长的速度和质量[M]. 陈华山, 左东官, 何剑, 等译. 武汉: 湖北人民出版社, 1983.

[67] 杜家远, 刘先凡. 浅析经济增长的质量[J]. 中南财经大学学报,

1991（4）：51-52.

[68] 朱启财，罗剑梅. 论经济增长质量——90年代我国经济发展模式的转换[J]. 财经研究，1991（10）：9-14，35-64.

[69] 曹佑，张如兵. 我国经济增长质量的内涵、考核基准及实证分析[J]. 云南财贸学院学报，1994（2）：45-49.

[70] 文兼武，余芳东. 经济增长质量的中外比较[J]. 统计研究，1998（5）：31-34.

[71] 刘亚建. 我国经济增长效率分析[J]. 思想战线，2002（4）：30-33.

[72] 刘海英，赵英才，张纯洪. 人力资本"均化"与中国经济增长质量关系研究[J]. 管理世界，2004（11）：15-21.

[73] 钞小静，任保平. 中国的经济转型与经济增长质量：基于TFP贡献的考察[J]. 当代经济科学，2008（4）：23-29，124-125.

[74] 魏婕，任保平. 要素生产率和经济增长质量的理论与实证分析——基于1952—2007年的数据[J]. 山西财经大学学报，2009，31（11）：36-44.

[75] 沈坤荣，曹扬. 以创新驱动提升经济增长质量[J]. 江苏社会科学，2017（2）：50-55.

[76] 弭元英，张清彩. 经济增长方式从数量型向质量型转变的若干问题[J]. 技术经济，1997（6）：17-19.

[77] 谢琦. 论数量型经济增长向质量型经济增长的转型[J]. 新疆大学学报（哲学人文社会科学版），2007（5）：24-29.

[78] 任保平. 经济增长质量：理论阐释、基本命题与伦理原则[J]. 学术月刊，2012，44（2）：63-70.

[79] 朱方明，贺立龙. 经济增长质量：一个新的诠释及中国现实考量[J]. 马克思主义研究，2014（1）：72-79.

[80] 王薇，任保平. 数量型经济增长与质量型经济增长的比较及转型路径[J]. 人文杂志，2014（4）：24-30.

[81] 钞小静，薛志欣. 新时代中国经济高质量发展的理论逻辑与实践机

制[J]. 西北大学学报（哲学社会科学版），2018，48（6）：12-22.

[82] 沈利生. 中国经济增长质量与增加值率变动分析[J]. 吉林大学社会科学学报，2009，49（3）：126-134，160.

[83] 沈坤荣，傅元海. 外资技术转移与内资经济增长质量——基于中国区域面板数据的检验[J]. 中国工业经济，2010（11）：5-15.

[84] 魏景赋，张李乔珂. 中日两国的服务贸易发展与经济增长质量关系的实证研究[J]. 东北亚经济研究，2019，3（6）：36-51.

[85] 杨占锋，段小梅. 产业结构变迁对经济增长质量的影响效应——基于成渝经济区全要素生产率贡献的分析[J]. 地域研究与开发，2019，38（1）：39-44.

[86] 郭文伟，周媛. 杠杆结构、债务效率与经济增长质量[J]. 南方金融，2019（12）：8-21.

[87] 孙玉阳，宋有涛，杨春荻. 环境规制对经济增长质量的影响：促进还是抑制？——基于全要素生产率视角[J]. 当代经济管理，2019，41（10）：11-17.

[88] 林春. 财政分权与中国经济增长质量关系——基于全要素生产率视角[J]. 财政研究，2017（2）：73-83，97.

[89] 黄涛. 新疆向西开放水平与经济增长质量关系的实证研究——基于全要素生产率视角[J]. 新疆大学学报（哲学·人文社会科学版），2016，44（3）：20-23.

[90] 马宇，王竹芹. 房地产投资、体现型技术进步与经济增长质量——基于我国省际面板数据的实证研究[J]. 云南财经大学学报，2014，30（4）：68-77.

[91] 郑玉歆. 全要素生产率的再认识——用TFP分析经济增长质量存在的若干局限[J]. 数量经济技术经济研究，2007（9）：3-11.

[92] 李岳平. 经济增长质量评估体系[J]. 江苏统计，2001（1）：16-17.

[93] 梁亚民. 经济增长质量评价指标体系研究[J]. 西北师大学报（社会科学版），2002（2）：115-118.

[94] 单薇. 基于熵的经济增长质量综合评价[J]. 数学的实践与认识, 2003（10）: 49-54.

[95] 魏婕, 任保平. 中国各地区经济增长质量指数的测度及其排序[J]. 经济学动态, 2012（4）: 27-33.

[96] 熊俊顺, 朱路光. 基于熵值法的浙江省经济增长质量测评[J]. 杭州电子科技大学学报（社会科学版）, 2016, 12（6）: 26-30.

[97] 曹麦. 中国经济增长质量测度——基于转型升级的视角[J]. 调研世界, 2017（3）: 61-64.

[98] 张兵, 魏玮. 中国经济增长质量的国际比较[J]. 统计与决策, 2018, 34（24）: 124-128.

[99] 李晨晨, 刘喆为, 王艾迪. 长三角地区经济增长质量的时空格局分析[J]. 中国集体经济, 2018（31）: 22-25.

[100] 钞小静, 任保平. 中国经济增长结构与经济增长质量的实证分析[J]. 当代经济科学, 2011, 33（6）: 50-56, 123-124.

[101] 刘燕妮, 安立仁, 金田林. 经济结构失衡背景下的中国经济增长质量[J]. 数量经济技术经济研究, 2014, 31（2）: 20-35.

[102] 马轶群, 史安娜. 金融发展对中国经济增长质量的影响研究——基于VAR模型的实证分析[J]. 国际金融研究, 2012（11）: 30-39.

[103] 杨珂. 金融发展与经济增长质量——基于我国省际面板数据的研究[J]. 现代管理科学, 2016（7）: 60-63.

[104] 李斌, 刘苹. 中国外贸发展方式对经济增长质量影响的实证研究[J]. 经济问题探索, 2012（4）: 1-6.

[105] 沈国云. 外商直接投资、对外开放与经济增长质量[J]. 经济问题探索, 2017（10）: 113-122.

[106] 黄志基, 贺灿飞. 制造业创新投入与中国城市经济增长质量研究[J]. 中国软科学, 2013（3）: 89-100.

[107] 马宇, 程道金, 张卉. 科研投入对经济增长质量影响的实证分析[J]. 云南财经大学学报, 2015, 31（2）: 45-52.

[108] 郝颖, 辛清泉, 刘星. 地区差异、企业投资与经济增长质量[J]. 经济研究, 2014, 49(3): 101-114, 189.

[109] 李强, 高楠. 资源禀赋、制度质量与经济增长质量[J]. 广东财经大学学报, 2017, 32(1): 4-12, 23.

[110] 孙英杰, 林春. 试论环境规制与中国经济增长质量提升——基于环境库兹涅茨倒U型曲线[J]. 上海经济研究, 2018(3): 84-94.

[111] 何兴邦. 环境规制与中国经济增长质量——基于省际面板数据的实证分析[J]. 当代经济科学, 2018, 40(2): 1-10, 124.

[112] 林春. 财政分权与中国经济增长质量关系——基于全要素生产率视角[J]. 财政研究, 2017(2): 73-83, 97.

[113] 朱恒金, 马轶群. 中国劳动力转移影响经济增长质量的实证分析[J]. 西北人口, 2012, 33(6): 7-12.

[114] 王瑞荣. 生产性服务业集聚对区域经济增长质量的影响——基于中国十一大城市群经验分析[J]. 科技与经济, 2017, 30(3): 101-105.

[115] 张季风, 邓美薇. 人口老龄化、技术创新对经济增长质量的影响——基于中日两国的比较分析[J]. 日本问题研究, 2019(1): 20-31.

[116] 赵立新, 赵慧. 人力资本投资与国家经济增长质量的提高[J]. 烟台师范学院学报(哲学社会科学版), 2001(1): 98-103.

[117] 汤向俊, 任保平. 福利分配平等性与中国经济增长质量——基于新中国六十周年数据的理论和实证分析[J]. 社会科学战线, 2009(9): 11-21.

[118] 史自力. 区域创新能力与经济增长质量关系的实证研究[J]. 重庆大学学报(社会科学版), 2013, 19(6): 1-8.

[119] 钞小静, 任保平. 城乡收入差距与中国经济增长质量[J]. 财贸研究, 2014, 25(5): 1-9.

[120] 周路. 人力资本结构、创新能力与经济增长质量的关系[J]. 经营与

管理，2015(3)：76-78.

[121] 刘瑞翔，夏琪琪.城市化、人力资本与经济增长质量——基于省域数据的空间杜宾模型研究[J].经济问题探索，2018(11)：34-42.

[122] 安树军.中国经济增长质量的创新驱动机制研究[D].西安：西北大学，2019.

[123] 禹四明.中国经济增长质量的水平测度及提升路径研究[D].沈阳：辽宁大学，2017.

[124] 欧文·费雪.资本和收入的性质[M].北京：商务印书馆，2018.

[125] Schultz T W. Reflections on Investment in Man[J]. The Journal of Political Economy, 1962: 1-8.

[126] Schultz T W, Schultz T W. Investing in people: The economics of population quality[M]. Berkeley: University of California Press, 1982.

[127] Psacharopoulos G, Woodhall M. Education for development[M]. Oxford: Oxford University Press, 1993.

[128] Becker G S. Investment in human capital: A theoretical analysis[J]. Journal of Political Economy, 1962, 70(5): 9-49.

[129] Becker G S, Murphy K M, Tamura R. Human capital, fertility, and economic growth[J]. Journal of Political Economy, 1990, 98(5): 12-37.

[130] 俞荣建.人力资本概念的重新界定及其含义[J].人才开发，2005(10)：11-13，20.

[131] 付一辉.人力资本概念研究[J].财会月刊，2007(7)：5-6.

[132] 李晓曼，曾湘泉.新人力资本理论——基于能力的人力资本理论研究动态[J].经济学动态，2012(11)：120-126.

[133] 王智慧.发展经济学基本理论比较研究[D].成都：四川大学，2007.

[134] 张宽，黄凌云.贸易开放、人力资本与自主创新能力[J].财贸经济，2019，40(12)：112-127.

[135] 张涵,杨晓昕.异质性人力资本、空间溢出与高技术产业创新[J]. 科技进步与对策,2019,36(22):51-59.

[136] 张治栋,吴迪.人力资本结构高级化与产业创新效率提升——基于长江经济带的实证分析[J].当代经济管理,2019,41(9):67-74.

[137] 张勤.人力资本激励、创新能力与企业经营效率[J].财会通讯,2019(36):59-63.

[138] 龙红明,伍海琳,彭蝶飞.个人创新能力提升训练BTB模型研究[J].求索,2017(7):112-116.

[139] 邓新波.健康、教育人力资本对中国城市居民收入的影响[J].经济研究导刊,2010(21):108-110.

[140] 张金瑞.河南省农村人力资本投资对农村居民收入的影响研究[J].商讯,2019(33):194-195.

[141] 郭晓庆.我国人力资本投资对产业结构升级影响的机理分析与实证研究[J].商业经济研究,2015(11):126-127.

[142] Dakhli M,De Clercq D. Human capital, social capital, and innovation: a multi-country study[J]. Entrepreneurship & Regional Development,2004,16(2):107-128.

[143] 王艳涛,崔成.人力资本结构与技术创新模式关系研究[J].技术经济与管理研究,2019(6):30-35.

[144] 刘儒丁.人力资本投资对产业结构升级的影响研究[D].沈阳:辽宁大学,2017.

[145] 刘炳序,翟越.中国农户人力资本投资与收入关系研究——基于面板VAR模型[J].哈尔滨师范大学社会科学学报,2017,8(1):94.

[146] 叶楠,李玉洁.人力资本投资与劳动者职业获得的关系研究——以教育投资和职业培训为例[J].企业改革与管理,2019(1):67,95.

[147] 高辉,吴昊.技术空间溢出对省域能源效率差异的影响[J].河北经贸大学学报,2014,35(3):94.

[148] 韩玉军，王丽. OFDI逆向技术溢出对中国能源利用效率的影响[J]. 经济问题，2016（3）：95-101.

[149] 逯进，赵亚楠，陈阳. 人力资本、技术创新对环境污染的影响机制——基于全国285个城市的实证分析[J]. 长江流域资源与环境，2019，28（9）：2186-2196.

[150] 陈阳，逯进，于平. 技术创新减少环境污染了吗？——来自中国285个城市的经验证据[J]. 西安交通大学学报（社会科学版），2019，39（1）：73-84.

[151] 韩瑞. 人力资本集聚对企业创新绩效的影响机理研究[D]. 太原：太原理工大学，2017.

[152] 纪玉俊，周璐. 人力资本、地区市场化水平与产业升级——基于不同门槛水平的实证检验[J]. 产经评论，2016，7（1）：62-70.

[153] 樊纲，王小鲁，张立文，等. 中国各地区市场化相对进程报告[J]. 经济研究，2003（3）：9-18，89.

[154] 钱雪亚，王秋实，刘辉. 中国人力资本水平再估算：1995—2005[J]. 统计研究，2008，25（12）：3-10.

[155] 孙海波，刘忠璐，林秀梅. 人力资本积累、资本深化与中国产业结构升级[J]. 南京财经大学学报，2018（1）：56-68.

[156] 李海峥，李波，裘越芳，等. 中国人力资本的度量：方法、结果及应用[J]. 中央财经大学学报，2014（5）：69-78.

[157] Dublin L I, Lotka A J. The money value of a man[J]. The American Journal of Nursing, 1930, 30（9）: 1210.

[158] Graham J W, Webb R H. Stocks and depreciation of human capital: New evidence from a present - value perspective[J]. Review of Income and Wealth, 1979, 25（2）: 209-224.

[159] 李海峥，贾娜，张晓蓓，等. 中国人力资本的区域分布及发展动态[J]. 经济研究，2013，48（7）：49-62.

[160] Jorgenson D W, Fraumeni B M. Investment in education and US

economic growth[J]. The Scandinavian Journal of Economics, 1992: 51-70.

[161] Jorgenson D W, Fraumeni B M. The output of the education sector[M]. Output Measurement in the Service Sectors. University of Chicago Press, 1992: 303-338.

[162] Weisbrod B A. The valuation of human capital[J]. Journal of Political Economy, 1961, 69(5): 425-436.

[163] Barro R J, Lee J W. International data on educational attainment: updates and implications[J]. Oxford Economic Papers, 2001, 53(3): 541-563.

[164] Barro R J, Lee J W. International measures of schooling years and schooling quality[J]. The American Economic Review, 1996, 86(2): 218-223.

[165] Barro R J. Human capital and growth[J]. American Economic Review, 2001, 91(2): 12-17.

[166] Blann M. Importance of the nuclear density distribution on pre-equilibrium decay[J]. Physical Review Letters, 1972, 28(12): 757.

[167] Cranmer K. Kernel estimation in high-energy physics[J]. Computer Physics Communications, 2001, 136(3): 198-207.

[168] 涂云东, 汪思韦. 函数型核加权估计法及其在经济学中的应用[J]. 系统工程理论与实践, 2019, 39(4): 839-853.

[169] Hansen B E. Uniform convergence rates for kernel estimation with dependent data[J]. Econometric Theory, 2008, 24(3): 726-748.

[170] Alonso A M, Berrendero J R, Hernández A, et al. Time series clustering based on forecast densities[J]. Computational Statistics & Data Analysis, 2006, 51(2): 762-776.

[171] 黎运发, 黄名辉. 核密度估计逐点最优窗宽选择的改进[J]. 统计与决策, 2011(14): 28-32.

[172] Botev Z I, Grotowski J F, Kroese D P. Kernel density estimation via diffusion[J]. The annals of Statistics, 2010, 38(5): 2916-2957.

[173] Sheather S J, Jones M C. A reliable data - based bandwidth selection method for kernel density estimation[J]. Journal of the Royal Statistical Society: Series B(Methodological), 1991, 53(3): 683–690.

[174] Elgammal A, Duraiswami R, Harwood D, et al. Background and foreground modeling using nonparametric kernel density estimation for visual surveillance[J]. Proceedings of the IEEE, 2002, 90(7): 1151-1163.

[175] 项俊波. 中国经济结构失衡的测度与分析[J]. 管理世界, 2008(9): 1-11.

[176] 陈强. 高级计量经济学及stata应用[M]. 北京: 高等教育出版社, 2015.

[177] 陈得文, 苗建军. 人力资本集聚、空间溢出与区域经济增长——基于空间过滤模型分析[J]. 产业经济研究, 2012(4): 54-62, 88.

[178] 温忠麟, 张雷, 侯杰泰, 等. 中介效应检验程序及其应用[J]. 心理学报, 2004, 36(5): 614-620.